Antonio Elster

Wegziehen in die USA

Das Wichtigste zu
Visa
Wohnung
Arbeit
Auto
Finanzen

2. aktualisierte Auflage 2010
(1. Auflage 2002)

IO

Antonio Elster:
Wegziehen in die USA

© 2002, 2010 Antonio Elster. Alle Rechte vorbehalten. Zweite deutsche Auflage. Titelbild/Einbandgestaltung Antonio Elster. Herstellung und Verlag BOD GmbH, Norderstedt. ISBN 978-3-8331-1-4048-0. Printed in Germany 2010

1. Legalize your dream – Die Visa

Seit vielen Jahrzehnten besitzen die Vereinigten Staaten von Amerika als Top-Einwanderungsland unserer Erde eine der höchsten Zuzugs- und Wachstumsraten. Bis heute hat sich daran nichts geändert: Viele Menschen aus aller Herren Länder zieht es aus den unterschiedlichsten Gründen in diese freie Welt, die auf einem ganzen Kontinent von tropischen Meeresfluten am Sandstrand bis hin zu ausgezeichneten Skigebieten Landschaften für jeden Geschmack anbietet.

In diesem Ratgeber erhalten Sie schnelle und direkte Antworten auf die wichtigsten »Non-Tourism«-Fragen zur USA: Einreisevisa, Wohnen, Arbeiten und die Mobilität sind Basis-Themen, über die alle Menschen Bescheid wissen müssen, wenn sie über ein zeitweiliges oder permanentes Leben in Amerika nachdenken. Dabei hilft die vielzitierte Globalisierung nun endlich jedem: Das weltweite Internet bietet innerhalb von Sekunden alle nur denkbaren Informationen – wenn man nur wüßte, wo diese Informationen zu finden sind ! Deshalb enthält dieser Ratgeber auch einige Internetadressen, durch die Sofort-Informationen, Sofort-Bestellungen und Sofort-Beantragungen zum Thema »Leben in den USA« möglich gemacht werden. Selbst als Tourist muß nach der Ankunft in den USA auf den Internet-Zugang nicht verzichtet werden:

Tip:

In allen größeren amerikanischen Bibliotheken, etwa San Francisco Main Library oder Broward County Main Library (Fort Lauderdale, Florida), stehen etwa 50(!) Computer für kostenlosen Internetzugang bereit. Das Personal ist immer gern bereit, den Umgang damit zu erklären. In kleineren Orten wird ebenfalls kostenloser Internet-Zugang angeboten, jedoch stehen oft weniger Computer zu Verfügung. Ein kleiner Nachteil dieses tollen Services besteht in den manchmal lästigen Wartezeiten – und in den seit 9/11 nicht selten vorkommenden ID-Prozeduren.

Daneben gibt es einige US-Bürodienstketten die den gleichen Service anbieten, allerdings ist dieser dort immer kostenpflichtig. In 2009 lag der Nutzungspreis für einen Computer inklusive Internetanschluß bei durchschnittlich $12 pro Stunde. Die größten dieser Ketten heißen *FedEx-Kinkos* und *Mailboxes etc.* , sie sind in jeder mittleren und größeren Stadt der USA, oft mit mehreren Zweigstellen, vertreten. Und wer sein eigenes Notebook dabei hat, oder vor Ort eines kauft, der findet fast überall eine WLAN-Verbindung.

Aufgrund der jahrzehntelangen Erfahrung hat sich die US-Bundesregierung und ihre Verwaltung gut auf die Ströme der Einwanderungswilligen eingestellt. Das komplexe Einwanderungsgesetz wird ständig weiterentwickelt, denn nicht zuletzt profitiert auch Staat und einheimische Bevölkerung von qualifizierten Immigranten.

Die gesamte Einwanderungs-Gesetzgebung ist Bundesangelegenheit, wird also von Washington D. C., nicht etwa von den einzelnen Bundesstaaten gesteuert. Welche Voraussetzungen für den Visumserhalt zu erfüllen sind und welche Dokumente benötigt werden, das hängt von der beabsichtigten Dauer und der Frequenz der beabsichtigten Aufenthalte ab. Selbst mit Erhalt der »höchsten Einwanderungsweihe«, der ständigen Aufenthaltsgenehmigung – GreenCard genannt – bleibt die Frage der Staatsangehörigkeit unberührt. Antragsteller bleiben nach wie vor Staatsbürger ihres Heimatlandes. Erst mit Ablauf von drei Jahren legalen und gesetzestreuen US-Aufenthaltes (..mal über eine rote Ampel, etwas zu schnell fahren und ähnliches wird einem nicht angekreidet) kann auf Wunsch die amerikanische Staatsangehörigkeit, also im wesentlichen der amerikanische Paß beantragt werden. Eine Pflicht zur Beantragung freilich besteht nie.

> ### Grundsatz der US-Einwanderungsbehörde:
>
> »Die Vereinigten Staaten von Amerika sind eine offene Gesellschaft. Im Gegensatz zu vielen anderen Ländern gibt es in den USA keine internen Kontrollen der Besucher, wie etwa eine Anmeldung bei der örtlichen Polizei. Um weiterhin das Privileg des ungehinderten Reisens genießen zu können, haben Ausländer – bevor ein Visum für die Vereinigten Staaten ausgegeben wird – die Pflicht zu belegen, das sie nach Abschluß ihrer Reisen wieder in den Heimatstaat zurückkehren. Unser Einwanderungs-gesetz verlangt von den Konsularbeamten, jeden Visum-Antragsteller als potentiellen Einwanderer zu betrachten, solange er nicht das Gegenteil bewiesen hat.«

Genau so sieht das Verhalten der Behörden in der Realität aus und kann, abhängig davon, welche Mentalität von US-Beamten Sie gerade erwischen, frustrierend sein. Mit welchen Hürden zu rechnen ist und wie die Chancen stehen, ein US-Visum zu erhalten, das ist Gegenstand dieses Kapitels. Haben Sie dann erst einmal irgendein US-Visum erhalten, dann ist die Änderung, Ergänzung oder Verlängerung sowohl im Heimatland als auch vor Ort in den USA möglich. Im ersten Fall sind die Konsulate des Heimatlandes zuständig, im zweiten Fall der INS (Immigration and Naturalization Service, amerika-nisches Einwanderungsministerium). Dabei ist es gut zu wissen, daß gerade in den USA nicht alles so heiß gegessen wie gekocht wird. Ein »Aber ich habe doch keine GreenCard!« bedeutet nicht das Ende der Welt. Tatsächlich benötigt niemand dieses Permanent-Residence-Visum, um die USA als zeitweiligen, aber regelmäßigen Wohnsitz zu genießen. So ist es zum Beispiel relativ einfach möglich, ein Visum zu erhalten, das es gestattet, regelmäßig im Winterhalbjahr dem europäischen M...wetter zu entfliehen.

Im Großen und Ganzen existieren drei verschiedene Möglichkeiten zur legalen Einreise in die USA: Unter die 1. Gruppe fallen alle **visafreien Einreisen** (non-immigrant, tourist). Die 2. Gruppe decken alle **temporären, auch regelmäßigen Einreisen aufgrund eines Visums** (non-immigrant) ab. Die 3. Gruppe schließlich behandelt die Verlagerung des Lebenszentrums, also die **permanente Einreise** (immigrant). Die Definitionen sind unkompliziert:

Ein Immigrant-Visum wird einer Person erteilt, die sich permanent in den USA niederlassen möchte und die Qualifikationsansprüche des INS erfüllt hat.

Ein Non-Immigrant-Visum wird einer Person erteilt, die sich zeitweise in den Vereinigten Staaten aufhalten möchte und seinen Hauptwohnsitz außerhalb der USA besitzt. Das zuständige Department of State's Bureau of Consular Affairs erreichen Sie am schnellsten über das Internet:

Sofort-Kontakt: **http://travel.state.gov, http://www.ins.usdoj.gov**

OHNE JEDES VISUM IN DIE USA

Staatsbürgern ausgewählter Staaten dieser Erde traut die USA ohne Prüfung zu, das sie nach Abschluß ihrer Reisen auch wirklich wieder nach Hause gehen. Angehörige dieser Staaten benötigen deshalb keinerlei US-Visum zur Einreise, falls es sich um eine reine Urlaubs- oder Geschäftsreise handelt und falls die geplante Aufenthaltsdauer 90 Tage nicht überschreitet. Außer einem gültigen Reisepaß sowie einem Rückflugticket wird nichts benötigt. Leider – so einfach war es nur bisher. Seit einiger Zeit sind auch Menschen, die nach dieser Kategorie in die USA einreisen wollen, zu einer Art Visum verpflichtet. Sie müssen sich nämlich vor Ihrer Reise das OK der US Regierung über das Internet bestätigen lassen und dazu alle möglichen persönlichen Daten übermitteln. Vor der eigentlichen Einreise in die USA muss dann noch, meist im Flugzeug, eine Einreisekartekarte (und eine Zollerklärung) ausgefüllt werden. Das ist dann aber wirklich alles. Um also beispielsweise regelmäßig von Januar bis März in Florida am tropischen Beach dem europäischen Winter die lange Nase zu zeigen sind keine weiteren bürokratischen Klimmzüge notwendig. Allerdings dürfen Einreisende unter dieser Kategorie weder arbeiten noch studieren – und wichtiger noch, sie dürfen ihren Einreise-Status nicht verändern (siehe Kasten).

Tip:

Es existiert ein entscheidender Nachteil dieser visafreien Einreise: Mit dem kleinen Formular unterzeichnen Sie automatisch eine Visa Waiver Form: Dadurch verzichten Sie auf das Recht, innerhalb der USA Ihren Visumstatus zu verändern. Keine noch so geringe Änderung ist möglich mit dieser 3-Monats-Touristen-Einreise: Wer auf diese Art einreist, muß nach spätestens 3 Monaten wieder ausreisen oder er hält sich illegal auf. Keine Ausnahme möglich! In allen anderen Fällen, also immer dann, wenn sich (irgendein) Visumaufkleber in Ihrem Paß befindet, dürfen Sie in den USA Antrag auf Statusveränderung stellen. Damit kann eine einfache Aufenthalts-Verlängerung beantragt werden, eine Arbeitserlaubnis – oder sogar die GreenCard. Übrigens müssen GreenCard-Antragsteller ab Antragsabgabe nicht mehr ausreisen.

EIN B-VISUM MACHT DAS LEBEN LEICHTER

Die nächste Stufe der legalen Einreise in die USA besteht aus dem 6-Monats-Visum, genannt B1/B2-Visum. Neben dem rein touristischen Aufenthalt berechtigt es in gewissem Rahmen auch zu selbständigen Tätigkeiten bzw. Firmengründungen. Niemals allerdings zur Aufnahme einer angestellten Tätigkeit. Dieses Visum gehört in die Kategorie der »Nonimmigrant-Visa für zeitlich begrenzten Aufenthalt auf dem Staatsgebiet der USA« und trägt die Bezeichnung B-1 für Geschäftsreisende und B-2 für Urlaubsreisende. Bei erfolgreicher Beantragung von einem werden in den meisten Fällen beide Arten gleichzeitig ausgegeben. Menschen, die aus anderen Gründen in die USA einreisen möchten, müssen sich um ein spezielles Visum der passenden Kategorie bewerben. Dies betrifft etwa Journalisten, Studenten oder alle Menschen, die befristet in der USA arbeiten möchten/müssen. Ein Hauptkriterium müssen alle Antragsteller von Nonimmigrant-Visa erfüllen: Der permanente, feste Hauptwohnsitz muß sich nachweislich in einen Land, das nicht USA heißt, befinden. Dies gilt für Besucher, Geschäftsreisende, Studenten und alle anderen in dieser Kategorie gleichermaßen. Einer der Vorteile dieses Visums besteht darin, daß bei der Einreise kein Rückflugticket vorgelegt werden muß. So ist man flexibel in der Abreise, vermeidet eventuelle Umbuchungsgebühren und kann die manchmal günstigeren amerikanischen Tickets zumindest für den Heimflug nutzen.

Sowohl das B1- als auch das B2-Visum besitzt eine Gültigkeit von 10 Jahren ab Ausstellungsdatum. Innerhalb dieses Zeitraumes berechtigt es zur »unbegrenzten« Anzahl von Aufenthalten von bis zu 6 Monaten. Obwohl so von den Behörden nicht beabsichtigt ist es möglich, nach 6 Monaten für nur einen oder zwei Tage auszureisen – sagen wir nach Kanada zu fliegen – und nach Rückkehr weitere 6 Monate zu erhalten. Darauf besteht zwar kein

Rechtsanspruch (..eine interne Dienstanweisung sagt, das nach einem USA-Aufenthalt der Visum-Inhaber möglichst mindestens den gleichen Zeitraum außerhalb der USA verbringen soll). In der Praxis allerdings steht das allerdings lediglich auf dem Papier.

> **Tip:**
> Eine andere Möglichkeit besteht in der offiziellen Beantragung einer Extension (Verlängerung) um nochmal 6 Monate. Das kostet ca. $130, ist damit also billiger als ein Flug nach Kanada, von den Unterbringungskosten etc. gar nicht zu reden, und sollte vernünftig begründet werden. Dann macht der INS keine Probleme. Anschriften und Telefonnummern finden Sie auf den Internetseiten weiter oben. Nachteil dabei ist: Sie sind beim INS als Verlängerer registriert. Ein-, zwei-, dreimal geht das bestimmt gut. Doch falls Sie diese Strategie regelmäßig verfolgen wollen: Der Erfolg darf angezweifelt werden.

Falls nicht von den USA frühzeitig zurückgezogen (passiert nur bei schweren Vergehen seitens des Inhabers), dann ist ein einmal ausgegebenes B-Visum 10 Jahre lang gültig. Es erlischt übrigens auch dann nicht, wenn der Paß, in dem es klebt, in der Zwischenzeit ungültig wird.

Beantragung eines B1/B2-Visums: Für die Vergabe der Visa gelten feste Regeln, die durch entsprechende US-Gesetze (Immigration and Nationality Act), und seit 9/11 von Vorgaben des Heimatschutzministeriums (Dep. of Homeland Security) bestimmt werden. Die Visumvergabe wird von den USA mittlerweile sehr ernst genommen, und die Visa werden nicht mehr, wie es früher einmal der Fall war, »verschenkt«. Antragsteller in Deutschland müssen sich erst über das Internet voranmelden, erhalten dann einen persönlichen Termin und schließlich wird der Paß zugesandt. Es ist also nicht mehr so einfach wie es früher einmal war. Interessenten wenden sich an diejenige US-Botschaft oder das US-Konsulat, daß für ihren Wohnsitz zuständig ist. Theoretisch ist es möglich, in jedem beliebigen US-Konsulat den Visum-Antrag zu stellen, auch von außerhalb des Heimatlandes (..aber nicht innerhalb der USA). Doch es ist leicht vorstellbar, daß dabei Schwierigkeiten, und seien sie nur terminlicher Art, leicht auftreten können. Zur Beantragung benötigen Sie einen gültigen Reisepaß. Dieser muß mindestens 6 Monate über ihr Rückkehrdatum hinaus gültig sein. Daneben noch Unterlagen, die von Ihren persönlichen Verhältnissen abhängig sein und die mittlerweile dreistellige Dollargebühr. Diese Gebühr wird nicht erstattet, auch nicht bei Versagen des Visums.

Diese Unterlagen sind Grundbedingung und jedem vertraut, der schon einmal mit Behörden zu tun hatte. Nun wird es etwas komplizierter: Wie zu Beginn dieses Kapitels zitiert, liegt dem Gesetz die theoretische Annahme zugrunde, daß jeder Besucher potentieller Einwanderer ist. Deshalb sehen die US-Bestimmungen vor, daß alle Antragsteller glaubhaft nachweisen müssen, genau das nicht zu sein. Dazu können die folgenden Anhaltspunkte vom Konsularbeamten überprüft werden:

- Ist der Reisegrund touristisch, geschäftlich oder medizinisch begründet ?
- Ist die Reise auf einen bestimmten Beginn festgelegt und zeitlich befristet?
- Besitzt der Reisende einen festen Hauptwohnsitz außerhalb der USA und verfügt er über weitere Bindungen im jetzigen Heimatland (..etwa Familienmitglieder, ungekündigte Arbeitsstelle etc.) ?
- Zusätzlich für Bürger der Staaten aus den berechtigten Visa-Waiver-Ländern: Weshalb sind 90 Tage Reisedauer nicht ausreichend?

Das US-Einwanderungsgesetz plaziert die Nachweispflicht eindeutig auf den Antragsteller. Dabei haben die Konsularangestellten einen schwierigen Job. Eine individuell gerechte Entscheidung bei der Vielzahl der Antragsteller in kurzer Zeit zu treffen, das ist nicht einfach. Die obigen Fragen können – nicht müssen – vom Konsularbeamten gestellt werden. Ihre Antworten dienen dazu, ihn davon zu überzeugen, daß Sie kein Einwanderer sind. Fragen wird er/sie immer dann, wenn es ihm/ihr aus irgendwelchen Gründen auch nur leicht zweifelhaft erscheint, daß Sie wirklich ein guter Besucher sind, der, zum Ende seiner Reise auch wieder brav nach Hause zurückkehrt.
Auch die Finanzierungsfrage wird oft gestellt. Wie kommt der Antragsteller für seinen Lebensunterhalt in den USA auf ? Hat er genügend eigene finanzielle Mittel für die Dauer des beabsichtigten Aufenthalts ? Manchmal werden Kontoauszüge angefordert. Personen, die nicht über ausreichende Mittel verfügen, müssen überzeugende Beweise vorbringen, das sie dem Sozialsystem der USA nicht zur Last fallen werden. Etwa durch Bestätigungsschreiben einer in den USA lebenden Person, der Eltern oder ähnliches. Daß die Aussage »Ich werde jobben« innerhalb einer Nanosekunde für den Visumerhalt disqualifiziert, das versteht sich bei einem Besuchervisum von selbst.

DIE GREEN-CARD

Die Königin der US-Visa ist die sogenannte GreenCard: Das Permanent Residence Visa. Inhaber besitzen US-weit das unbeschränkte Aufenthaltsrecht und dürfen jeder angestellten oder selbständigen Arbeit nachgehen (. . .die keinen zusätzlichen Genehmigungspflichten unterliegen). Die GreenCard ist weltweit sehr begehrt. Tatsächlich ist sie dermaßen begehrt, daß sich sogar teils gutgemachte Fälschungen im Umlauf befinden. Doch es gibt zahlreiche Möglichkeiten, sie legal zu erhalten. Einige davon sind:

. . .per Arbeitsstelle: Die Regeln des INS sehen vor, das eine Person mit qualifiziertem Arbeitsplatzangebot einer amerikanischen Firma (..nicht Verkäufer, Hilfsschreibkraft oder ähnliches) die Green Card erhalten kann.

. . .per Heirat: Heiratet ein ausländischer Staatsbürger einen amerikanischen Staatsbürger, so wird die GreenCard erteilt, vorausgesetzt es handelt sich nicht um eine Scheinheirat. Dies wird innerhalb der ersten 2 Jahre manchmal tatsächlich überprüft, indem zum Beispiel Beamte des INS unangemeldet zu Besuch kommen und beide Partner getrennt fragen, was es zum Frühstück gab.

. . .per Lotterie: Die USA veranstalten jährlich die sogenannte Immigration Visa Lottery. Die Teilnahme ist für jedermann kostenlos, jedes Jahr wurden weltweit 55.000 Green Cards ausgegeben. Diese Zahl scheint sogar zu steigen.

. . .per Finanznachweis: Wer mindestens $1.000.000 besitzt, diese auf ein US-Konto legt oder auf andere Weise in den USA investiert erhält die GreenCard. Ein Dokument, durch das auf den theoretischen Anspruch auf Sozialhilfe und andere staatliche Unterstützungsleistungen auf Lebenszeit verzichtet wird, muß unterzeichnet werden.

. . .per Firmengründung: Wer in den USA mit ernsthaften Absichten eine Firma gründet und dabei mindestens $100.000 investiert (..die Summe ist fließend, für bestimmte Branchen ist es möglich mit der Hälfte oder noch weniger zu beginnen) erhält eine befristete Aufenthaltsgenehmigung (meist 2 Jahre). Zeigt sich nach der Frist, das die Firma Entwicklungspotential besitzt, so wird die Green Card erteilt.

. . .per Schwangerschaft: Nach US-Gesetzgebung ist jedes Baby, das auf amerikanischem Boden geboren wird, automatisch auch amerikanischer Staatsbürger (..falls die Eltern nicht widersprechen). Sollten Sie also schwanger einreisen und Ihr Kind wird auf amerikanischen Boden geboren, so ist es automatisch US-Bürger und kann damit natürlich nicht ausgewiesen werden. Da es sich um ein minderjähriges und unterhaltsberechtigtes Kind handelt, können allerdings auch die Eltern als Sorgepflichtige nicht ausgewiesen werden. Selbstverständlich wissen die Immigration Officer an den Grenzen um diesen Umstand und achten auf Frauen in den letzten Monaten der Schwangerschaft. Etwas früher als im 9. Monat einreisen und/oder lockere/legere Kleidung zu tragen wäre also keine schlechte Idee.

. . .per besonderer Befähigung: Menschen, die herausragende Ausbildungen oder Befähigungen besitzen oder die besondere Leistungen vollbracht haben, kann auf Antrag die Green Card erteilt werden. Dieses Verfahren wurde und wird zum Beispiel bei Wissenschaftlern und Hochleistungssportler angewendet. Angeblich (. . .das ist nicht offiziell bestätigt, aber ein netter Immigration Officer, sagen wir, verneinte es nicht. . .) kann die nachgewiesene Mitgliedschaft bei MENSA, das ist eine weltweite Organisation, deren einzige Mitgliedsvoraussetzung darin besteht, einen IQ von mindestens 130 zu

besitzen, ausreichen, um vom amerikanischen Einwanderungsministerium als GreenCard-würdig eingestuft zu werden (www.mensa.org).
. . .per Familiennachzug: Falls bereits Familienangehörige rechtmäßig in den Staaten leben, kann es sehr einfach sein.

Der Bewerbungsprozeß

Um die unbeschränkte Aufenthaltsgenehmigung für die USA zu erhalten, müssen Sie zunächst einmal als Immigrant anerkannt sein. Damit fallen Sie unter die Jurisdiktion des INS, Telefon 1-800-755-0777 (kostenfrei innerhalb der USA) oder Washington 202-307-1501 und 202-514-4330. Die große Mehrheit aller Bewerber fällt hauptsächlich in zwei Kategorien:
Entweder beantragen Sie auf Basis einer Familienzusammenführung die Green Card. Wie oben schon erwähnt, ist das nur möglich, falls ein Verwandter (evtl. auch entfernteren Grades) sich bereits rechtmäßig in den USA aufhält. Oder Ihr Antrag basiert auf einer Arbeitsstelle (Spezielle Informationen hierzu gibt es unter 202-514-4330).
Immer beruht das Anliegen der USA darauf, so weit wie möglich sicherzustellen, daß der Antragsteller dem Staat nicht zur Last fällt. Deshalb ist vom sogenannten Sponsoring die Rede. Als Sponsor wird der Verwandte oder der zukünftige Arbeitgeber bezeichnet. In beiden Fällen müssen die Sponsoren eine petition (Nachfrage mit Bestätigung) beim INS einreichen. Wenn diese vom INS genehmigt wird, dann leitet sie sie an das National Visa Center in Portsmouth, New Hampshire weiter. Das National Visa Center informiert dann den Antragsteller über die Genehmigung und erläutert die nächsten Schritte. Nur die unter die Kategorie der besonders befähigten Personen fallenden Bewerbungen benötigen keinen Sponsor.
Die richtigen Formulare erhalten Sie vom National Visa Center, bei den Zweigstellen des INS und bei den Konsulaten und – natürlich, auf dem Internet.
Was kostet nun der ganze Spaß ? Ist eigentlich gar nicht teuer. Die Grundgebühr für die Bearbeitung beträgt rund $500 pro Person. Daneben fallen noch Zusatzkosten für Übersetzungen, Beglaubigungen, medizinische Untersuchungen usw. an. Nicht selten muß allerdings ein Immigration-Rechtsanwalt beauftragt werden, dessen Gebühren die persönlichen Gesamtkosten dann kräftig in die Höhe treiben.

2. Live your dream - Wohnen

Wen die Liebe zur USA gepackt hat, der wird früher oder später darüber nachdenken, aus den zahlreichen Urlauben eine regelmäßigere und kostengünstigere Variante zu entwickeln. Dabei gibt es viele verschiedene Möglichkeiten, sich ein zeitweiliges oder dauerhaftes Zuhause im Dauersommer zu besorgen. Welche davon für Sie die richtige ist, wird von Ihren konkreten Plänen und Möglichkeiten abhängen. Vom Langzeit-Hotelaufenthalt über ein Mietappartment bis zum Hauskauf, ja bis zum Wohnen auf der eigenen Yacht ist alles möglich und auch recht einfach zu organisieren.

Die Mehrzahl der US-Interessierten wird sich für Immobilieneigentum entscheiden. Dann ist üblicherweise das eigene Haus Standard, weit mehr als in Mitteleuropa. Condominiums (Eigentumswohnungen) gibt es natürlich auch, doch die freistehenden Häuser überwiegen im Immobilienangebot bei weitem. Meistens stehen die Häuser auf einem 500-1000 qm großen Grundstück, das vorwiegend aus gepflegtem Rasen besteht. Auf dem Land, der countryside, sieht das noch ein wenig anders aus. Dort beginnen die Grundstücke in der Regel bei 2000 qm. 10.000 qm oder noch mehr Land um das Haus herum ist gar nicht so ungewöhnlich, wie es sich für mitteleuropäische Ohren anhört. Allerdings wegen der möglicherweise damit verbundenen Arbeit auch nicht nur von Vorteil. Für einen Amerikaner ist das eigene Heim ein Muß. Wer nur zu Miete wohnt, wird leicht schief angeschaut und gilt als Versager. Dies gilt natürlich nicht für Langzeittouristen oder frische Einwanderer, die einige Zeit benötigen, um sich zu orientieren.

Bauweise und Ausstattung: In den USA wurden und werden viele Wohnhäuser komplett aus Holz gebaut. Sogar diejenigen, die von außen nach Ziegelbau aussehen, sind oft nichts weiter als verkleidete Holzhäuser. Das soll jedoch nicht bedeuten, die Häuser seien in irgendeiner Weise minderwertig. Das Gegenteil ist der Fall was den Rohbau anbelangt. Die Amerikaner haben handwerkliche Fertigkeiten in der Holzbauweise entwickelt, die Stabilität, Atmungsaktivität und kostengünstige, zügige Bauweise sehr gut vereinigt. Man baut ohne Unterkellerung, oft nur ebenerdig, höchstens ein zusätzliches Stockwerk und fast immer mit Garage. Viele der in den letzten Jahren errichteten Häuser wurden und werden in einem sehr eleganten und ansprechenden Bungalow-Stil des Mittelmeerraumes gebaut. Die Innen-Ausstattung der Häuser gehört oft zum Lieferumfang dazu, gleich ob Sie gebraucht oder neu kaufen. Beim Neubau gibt es Komplett-pakete ab ca. $20.000, die alles vom Teppich über Küchenmaschinen bis hin zu den

Wandbildern liefern und ein- bzw. anbauen. Alle Häuser besitzen Strom- und Telefonanschluß. In den rural areas, also den ländlichen Gebieten kommt es vor, daß die Wasserversorgung über ein großes Regenwasser-Auffangsystem sichergestellt wird. Air Conditioning, in neueren Bauten immer zentral, ist ein Muß und regelmäßig der größte Stromverbraucher im Haus. Den Klimaanlagen kommt der Stellenwert der Heizung in europäischen Häusern zu. Alter, Anschlußwert und Zustand können beim Hauskauf über nennenswerte Zusatzkosten entscheiden. Heizungen sind nicht immer eingebaut. Wenn doch, dann häufig als energieverschwendende Air Conditioning, die sozusagen rückwärts läuft (reverse cycle).

Wohnung, Reihenhaus., oder freistehend ? Wie schon angedeutet, ist das Angebot und auch die Nachfrage für freistehende Einfamilienhäuser mit Abstand am größten. Dann folgen die Eigentumswohnungen (condominiums) und danach die Reihenhäuser (town houses). In dieser Reihenfolge. Die Grundstücke der freistehenden Häuser sind typischerweise so angelegt, daß sich vor oder hinter dem Haus Rasen-fläche befindet. Da haben Sie schon die erste Verpflichtung - Rasenmähen. Und der wächst das ganze Jahr über, nicht vergessen! Dazu die immer mal vorkommenden Reparaturen, die Sie entweder selbst durchführen müssen oder aber dafür zur Kasse gebeten werden. Doch alles wird aufgewogen durch die nicht zu übertreffende Unabhängigkeit. Anders als bei einer Eigentums-wohnung oder einem Reihenhaus müssen Sie niemanden um nichts fragen.

Eine Eigentumswohnung ist normalerweise billiger als ein Haus, gleiche Lage, Größe etc. vorausgesetzt. Die fixen Kosten (maintenance) werden oft von der condominium association festgesetzt. Das ist üblicherweise eine Verwaltungs-gesellschaft, mit der die Probleme beginnen können. Die Fixkosten, die durch die Gesellschaft festgesetzt werden, können im Laufe der Zeit derartige Höhen erreichen, daß die Wohnung zu einem späteren Zeitpunkt auch mit erheblichen Preisabschlag nur schwer zu verkaufen ist. Die Gesellschaften erhöhen auch bei Eigentümerwechsel gern die Monatspauschale ohne weitere Begründung. Sie sollten sich also mit dem Vorbesitzer, oder besser noch mit anderen Bewohnern darüber unterhalten.

Jedenfalls wird Monat für Monat Ihr Anteil an den Wartungskosten fällig. Etwa für Rasenmähen, Hausanstrich oder Reparaturen. Änderungen an den Außenwänden dürfen Sie nicht ohne weiteres vornehmen, weil es das Gesamtbild beeinflußt. Nicht gerade meinem Verständnis von freier Entscheidung über persönliches Eigentum entspricht auch die Tatsache, daß die Hausverwaltung einen Käufer ablehnen darf, falls Sie sich zum Verkaufen entschlossen haben. Ein Vorteil der Eigentumswohnung liegt darin, daß Sie sich um nicht viel kümmern müssen. Es lebt sich mit weniger »ich muß noch dies und das erledigen«. Kein Rasenmähen oder Wände streichen - alles wird von der Hausverwaltung erledigt. Ein zweiter Vorteil liegt darin, daß condos oft billiger als Häuser sind. Allerdings steigen sie auch langsamer im Wert.

Townhouses schließlich sind das, was wir Reihenhäuser nennen. Auch sie sind billiger als freistehende Häuser. Allerdings – sie bieten noch nicht das Optimum an Privatsphäre, worauf die Amerikaner weit mehr bedacht sind als die Europäer. Deshalb sind Townhouses, verglichen mit dem Gesamtmarkt, auch nicht sonderlich oft zu haben und auch nicht sonderlich gut nachgefragt.

Ihr Traumhaus am Wasser: Die USA sind das Land der Qual der Wahl. Bei der Hausfrage müssen Sie zusätzlich zu allem anderen oft auch noch entscheiden, ob Ihr zukünftiges Heim vielleicht am Wasser stehen soll. Das hört sich für viele Menschen sehr verlockend an und stellt zweifellos auch die gehobene Qualität des Wohnen dar. Frische Brisen, tolle Aussichten und erweitertes Freizeitangebot durch »easy boating« und nahe an der Natur leben zählen dazu. Doch einige Punkte sollten beachtet werden. Generell wird zwischen folgenden Termini unterschieden:

•	**On the beach/oceanfront**	an der Meeresküste
•	**Intracoastal waterway**	am Ufer desselben
•	**Deepwater, no fixed bridges (NFB)**	an einem Kanal ohne höhenbeschränkende Brücken auf dem Wasserweg zum Meer.
•	**Ocean access**	am Kanal mit Meereszugang
•	**Waterfront**	an Teichen oder Kanälen ohne Ausgang

EIN HAUS/WOHNUNG MIETEN

Für den Entschluß, ein Haus oder eine Wohnung zu mieten, gibt es viele Gründe. Erst mal mit der Gegend vertraut werden, kein Kapital binden, sich die Option für eine andere Stadt offenhalten oder einfach keine Verantwortung und Arbeit übernehmen wollen. Auch die Absicht, erstmal mit den Eigenheiten und Gegebenheiten im Immobilienmarkt vertraut zu werden, kann ein guter Grund sein. Einen umfangreichen Vermiet-Markt finden Sie in den großen Tageszeitungen. Obwohl die Rubriken »Real Estate for Rent« jeden Tag im Anzeigenteil vorhanden sind, enthalten die Samstag und Sonntag-Ausgaben die meisten Anzeigen. Und natürlich ist auch auf diesem Gebiet das Internet der große Wettbewerber, etwa:

Sofort-Kontakt: **www.homespot.com**

Wie so eine Anzeige ausschaut und mit welchen Abkürzungen gearbeitet wird, daran machen wir uns jetzt. Es handelt sich um eine authentische Anzeige aus der *Sun-Sentinel,* eine von zwei großen Tageszeitungen Südfloridas:

HWD/Emerald Hills, 1/1, new washer/ dryer, new tle flrs, pool, new cent a/c, no pets, $875/mo, utilities included, mtly/yrly, ph 954-752-9831

Alles klar ? Ja, die Amerikaner lieben Abkürzungen. Außerdem unterstützen die relativ hohen Anzeigenpreise diese Neigung nochmals. Hier die Decodierung der Anzeige:

HWD/Emerald Hills: Der Anzeigentext beginnt so gut wie immer mit dem Ort oder Stadtteil, in dem sich das Objekt befindet. Hier handelt es sich um Hollywood (Florida!), Stadtteil Emerald Hills

1/1: beschreibt die Zimmerzahl und bedeutet 1 bedroom und 1 bathroom. Da der living room nie gezählt wird, handelt es sich also um eine 2 Zimmerwohnung mit einem Bad/Dusche/Toilette. Auch einen Flur gibt es nur selten, regelmäßig stehen Sie nach dem Öffnen der Wohnungstür direkt im Wohnzimmer. Die zusätzliche Bezeichnung House würde auf ein freistehendes Einfamilienhaus hindeuten, t/house oder townhouse auf ein Reihenhaus. Flat, unit und appartment steht für eine Wohnung oder Zimmer.

new washer/dryer: Die Wohnung ist mit neuer Waschmaschine und mit neuem Wäschetrockner eingerichtet.

new tle flrs: new tile floors, neue Bodenfliesen.

pool: Das Gebäude besitzt einen pool für die Mieter.

new cent a/c: new central air condition, neue Zentralkühlung (Klimaanlage).

no pets: Sorry, Haustiere sind nicht erlaubt.

$875/mo: Monatsmiete

utilities included: Nebenkosten sind eingeschlossen. Das ist schön und kommt nicht oft vor. Wasser ist zwar meist günstig in den USA, aber der Strom! Obwohl die Kilowattstunde in den USA nur ungefähr ein Drittel des deutschen Preises kostet, können ihre Stromkosten sehr in die Höhe steigen, weil die Klimaanlagen große Verbraucher sind und zumindest im Sommer quasi rund um die Uhr laufen.

mtly/yrly: monthly/yearly und bedeutet, daß der Vermieter auf Monats- oder Jahresbasis zu vermieten bereit ist, ganz nach Mieters Wunsch.

ph 954-792-3350: Die Telefonnummer des Vermieters oder Maklers. Wenn nur 7 Ziffern angegeben wären, fehlt die Vorwahl. Das ist dann immer diejenige des Hauptverbreitungsgebietes der Zeitung (*Sun-Sentinel* = Greater Ft. Lauderdale = 954)

Selbstverständlich können Sie auch direkt zu den sehr zahlreichen Immobilienmaklern ins Büro gehen. Deren Büros erkennen Sie schon von weitem an den Schaufenstern, die voll mit Fotos von Verkaufsangeboten hängen. Für Mietangebote allerdings müssen Sie anfragen, da sie bei den Maklern nicht so zahlreich vertreten sind. Mindestens einen zusätzlichen Nachteil zu den üblichen gibt es bei der Suche per Makler. Da nämlich jeder quasi nur Angebote aus seinem (engen) Wirkungskreis bearbeitet, ist es schwer von z. B. einem Makler in Miami Mietangebote aus Coral Gables, daß nur ein paar Kilometer entfernt liegt, zu bekommen. Dazu werden Sie wahrscheinlich nach Coral Gables fahren müssen um bei den ortsansässigen Maklern nachzufragen. So oder so, nach der telefonischen Avisierung und Klärung eventueller Fragen vereinbaren Sie einen Termin und besichtigen das Objekt. Wie fast immer ist auch bezüglich der Miethöhe ein Handeln möglich. Bei Einigung verläuft die Abwicklung schnell und Sie können innerhalb von wenigen Tagen, manchmal auch am gleichen Tag einziehen. Oft verlangen die Vermieter 3 Monatsmieten Kaution (erster Monat, letzter Monat und eine Monatsmiete Sicherheit) und verlangen Mindestmietdauern von 6 oder 12 Monaten. Aber wie schon gesagt, zumindest ein Handelsversuch ist immer angebracht.

EIN HAUS/WOHNUNG KAUFEN

Wie überall in der Welt regelt sich der Preis für die Immobilien nach Angebot und Nachfrage. Ein 2000 qm großes Grundstück kann in weniger entwickelten Gebieten für $4000 zu haben sein, kann aber in renommierter Lage auch $1.000.000 oder mehr kosten. Die Hauspreise variieren sehr stark im Bereich von $30.000 bis hin zu vielen Millionen. Die Lage ist extrem entscheidend und variiert ebenfalls viel stärker als in Mitteleuropa. An der Küste ist die vorderste Reihe natürlich immer am teuersten, oft bezahlen Sie nur den Grundstückswert, das Haus gibt es »gratis« dazu. Oder gute oder »schlechte« Nachbarschaft, an einem Kanal, in der »Pampa«. All das und mehr hat großen Einfluß auf den Preis. Im Landesdurchschnitt kostet ein Standard-Einfamilienhaus inklusive Grundstück in Florida zur Zeit 183.000 US$. Darin sind Garage, Kücheneinrichtung, oft auch die Möbel mit eingeschlossen. Das Angebot an zum Verkauf stehenden Häusern ist verglichen mit der Einwohnerzahl groß, weil Amerikaner überhaupt nicht emotionell an ihr Haus gebunden sind und gern umziehen. Zur Zeit herrscht außerdem gerade eine Depression, mindestens am Immobilienmarkt. Um die Immobilienmakler werden Sie wahrscheinlich nicht so einfach herumkommen, denn diesen Berufsstand gibt es wie Sand am Meer. Oft gehen die Makler noch einer zusätzlichen Beschäftigung nach. Bei deren Büros handelt es sich oft um Franchiseunternehmen der großen Immobilienketten. Aber es gibt auch kleinere unabhängige Büros.
Ein US-weites Computernetzwerk zwischen den Maklern macht es Ihnen im Gegensatz zum Mietgesuch möglich, auch in weiter entfernten Orten nach guten Angeboten Ausschau zu halten. Die Verkaufsprovisionen sind im Verkaufspreis des Objektes enthalten und werden dem Verkäufer, nicht dem Käufer in Rechnung gestellt. Die Größenordnung liegt bei 6 %, wovon der

Makler selbst die eine Hälfte und der Franchisegeber die andere Hälfte bekommt. Und die Bürokratie des Kaufes ist eher geringer und unkomplizierter als in Europa. Man einigt sich, bezahlt und läßt in einer <u>Art</u> Grundbuch die Besitzrechte eintragen. In der Regel erledigt dies alles der Makler. Ist er ein eher träger Zeitgenosse, sollten Sie ihn schriftlich dazu verpflichten. Soweit die Theorie. In der Praxis bekommen Sie es mit einer Papierflut zu tun, die nicht von schlechten Eltern ist. Doch die große Mehrzahl der Dokumente erhalten Sie nicht vom Staat, sondern von allen möglichen privaten Unternehmen, wie weiter unten beschrieben ist.

So gehts - Der Immobilienkauf

1.   Suchen Sie im Kleinanzeigenteil der Zeitungen und achten Sie besonders auf die privaten Angebote ohne Makler, denn die Maklerangebote finden Sie noch früh genug.

2.   Sie können auch im Internet fündig werden. Alle unter 1. genannten Kleinanzeigen und noch viele mehr warten im weltweiten Computernetz auf Sie. Kostenlos. Das geht schnell und einfach. Oft können Sie auch gleich Kontakt via email mit dem Besitzer oder dem Makler aufnehmen. Manche Makler mit eigenen Webseiten bieten den virtuellen Besichtigungstermin an. Dabei können sie am Bildschirm durch das gesamte Haus laufen, als ob sie selbst dort wären. Einige lohnenswerte Immobilienseiten sind:

Sofort-Kontakt: **www.zillow.com; www.homespot.com**

3.   Vielleicht möchten Sie auch einfach cruisen. Das ist Autofahren auf die ganz relaxte Art. Man schwebt im Automatikwagen mit voll eingeschalteter Klimaanlage sehr gemächlich durch die Straßen, trinkt dabei seinen Kaffee oder die Cola - auch der Fahrer - und bewundert die schönen Häuser. Viele Hausbesitzer stellen einfach ein Schild vor ihrem Haus auf, wenn sie verkaufen wollen. Und es wollen viele verkaufen.

4.   Gehen Sie die Maklerangebote in deren Büros durch. Das können Sie auch abends nach Feierabend machen, weil die Angebote in den Maklerfenstern zahlreich sind und die Informationen Fotos und alle wichtigen Angaben enthalten.

5.   In den vielen Magazinbehältern in den Städten finden Sie jede Menge Vollfarb- oder S/W-Magazine mit vielen Hausangeboten aus der entsprechenden Region zum kostenlosen Mitnehmen. Jedes Haus ist fotografiert, detailliert beschrieben und fast immer steht auch der Preis dabei. So können Sie in aller Ruhe am Strand oder beim Kaffee Ihr Traumhaus suchen oder eine

Neu oder Gebraucht kaufen ?

Falls Sie noch unentschieden sind, dann können Sie über die folgenden Punkte nachdenken:

1. Wohnfläche: Ältere Häuser sind oft größer wegen der relativ stark gestiegenen Baukosten. Dafür haben neuere Häuser den besseren Grundriß, den Sie sich obendrein aussuchen können.

2. Lage: Nach wie vor gilt auch in Florida für Immobilien: Location, Location, Location. Und nach wie vor befinden sich ältere Häuser oft nahe den gefragten Zentren. Neue Häuser werden oft dort errichtet, wo der Baugrund billig ist, also in »Außerhalb-Bezirken«.

3. Gestaltung: Schattenspendende Bäume, großzügige Rasen etc. finden sie häufiger auf älteren Grundstücken. Neue Gebäude werden kosteneffizient hochgezogen, da kommt Stil und Ausprägung manchmal etwas kurz.

4. Charme: Holzböden oder terra cotta finden sich eher in älteren Häusern. Das sieht zwar schön aus und erzeugt ein heimeliges Gefühl, aber die Erhaltungs- und Pflegekosten können hoch sein.

5. Layout: Heutige Technik, kombiniert mit amerikanischer Bequemlichkeit bietet mehr als früher. Genauso viele Badezimmer wie Wohnräume, Central Air und riesige Küchen wurden Standard. Das alles gab es früher noch nicht. Man kann ein älteres Gebäude zwar jederzeit umbauen, aber ob sich das lohnt ?

6. Energiekosten: Durch die vielen Verbesserungen in Technik und Materialforschung steht die Kostenbilanz eines modernen Hauses besser da im Vergleich zum älteren Bau. Die Stromkosten für die Klimaanlage können Hauptbestandteil der Unterhaltskosten eines Hauses sein!

7. Communities: In neueren Wohnanlagen gehören Schwimmbäder, Fahrradwege und Golfplätze zum Standard. Bei älteren oft nicht.

8. Wohnungseinrichtung: Häuser werden in den USA oft samt Einrichtung verkauft. Mit etwas Pech bedeutet der Kauf eines älteren dann auch den Kauf von alter Waschmaschine, Kühlschrank etc. In neuen Häusern sind auch die Geräte neu.

9. Garantie: Mit einem neuen Gebäude erwerben Sie normalerweise auch eine Garantie von 12 Monaten. Diese Garantie umfaßt nahezu alles: Fundament, Struktur, Dach, Installationen, Einrichtungen. Das entfällt natürlich beim Gebrauchtkauf.

10. Äpfel mit Äpfeln vergleichen: Ein Haus für $180k (*k* steht für *kilo* und deshalb für »multipliziert mit 1000«, hier also $180,000. Amerikaner setzen bei Zahlenangaben ein Komma, wo wir einen Punkt setzen würden - und umgekehrt.) scheint eine gute Gelegenheit zu sein in einer Lage, wo der Durchschnittspreis bei $210k liegt. Aber nur, falls die Renovierungs- und Umbaukosten weniger als $30k betragen!

11. Steuern: Die avisierten Grundsteuern für Neubauten in neuen Wohngebieten können ansprechend niedrig ein. Denken Sie aber bitte daran, daß ein Ansteigen wahrscheinlich wird, sobald sich die Regierung für das Bauen von Schulen, Abwasseranlagen und anderen öffentlichen Einrichtungen entscheidet. Diese Infrastruktur ist bei Altbauten oft bereits vorhanden und liefert somit keinen Grund mehr für Steuererhöhungen.

12. Qualität: Einige Menschen ziehen ältere (nicht uralte) Häuser lieber in Betracht, weil angeblich »damals« noch mit Qualität gebaut wurde. Ich weiß nicht, ob das stimmt. Sicher ist jedoch, daß ein bereits bestehendes Haus besser nach diesen Kriterien zu beurteilen ist als ein noch ungebautes. Auf der anderen Seite sind in neueren Gebäuden Isolier- und andere Standards allgemein moderner und damit höher.

engere Wahl treffen. Für einen Besichtigungstermin rufen Sie einfach den betreffenden Makler an und bitten um Rückruf, weil er mit 99%-iger Sicherheit nicht anwesend sein wird.

6. Zusätzlich gibt es noch eine für Sie und mich völlig ungewohnte Möglichkeit, ein Haus zu kaufen, den Gebrauchthausmarkt. Ähnlich wie beim Gebrauchtautomarkt sind dort zu verkaufende Häuser geparkt. Auf einem eingezäunten Gelände stehen sie herum und warten auf einen Käufer. Kommt es zum Kauf, wird das Haus mittels Tieflader zu Ihrem Grundstück gefahren und einfach abgesetzt. Ihr neues Haus hat ein neues Zuhause gefunden! Alle notwendigen Anschlüsse sind schnell gemacht. Eine sehr unkonventionelle Methode, aber nicht schlecht zum Preisverhandeln. Vollständigkeitshalber muß erwähnt werden, daß es sich bei diesen Häusern allenfalls um Mittel-klasse-Ausführungen handelt. Daneben gibt es noch die Möglichkeit, aus Gebrauchtteilen wie ganzen Wänden oder Dächern sich sein Haus selbst zusammenzubauen. Auch für diesen Modulhandel gibt es Märkte. Die Qualität und der Zustand ist jedoch oft nur für Individualisten interessant.

7. Melden Sie sich bei den Maklern Ihrer Zielregion als suchend und geben Sie bei der Frage nach dem maximalen Kaufpreis 10 % weniger als Ihr Limit an. Der Makler wird Ihnen eh auch höhere Angebote vorstellen. Dann haben Sie gleich den ersten Grund zu Preisverhandlungen, ohne das Objekt über-haupt gesehen zu haben. Außerdem hat dieser Weg gerade für die Erstkäufer den Vorteil, mit der Materie vertrauter zu werden. Vieles von dem, was für Sie totales Neuland ist, ist tägliches Brot für den Makler. Ob er will oder nicht, er wird Sie also quasi in den Immobilienmarkt einführen. Diese Gelegenheit sollten Sie nutzen.

Generell ist es wichtig, daß Sie sich die richtige Gegend aussuchen. Zum einen, weil spätere amerikanische Käufer – wenn Sie einmal verkaufen möch-ten – ganz stark darauf achten. Zum anderen ist es wichtig, weil manchmal nur eine Straße entfernt vom schön aussehenden Neubauviertel ein wenig attraktives Slumviertel beginnen kann. Ich würde sagen, der amerikanische Spruch der Immobilienbranche »Location, location, location«, den Sie ja auch aus Deutschland kennen, ist hier noch viel strikter zu beachten als in Europa. Schauen Sie sich auch einmal die Nachbarschaft an. Und zwar zu verschiedenen Tageszeiten. Was vormittags um 11 Uhr wie ein ruhiges Mittelklasseviertel wirkt, kann sich ab 5 Uhr nachmittags schlagartig in eine rauhe Gegend verwandeln, in der Sie nicht mehr unbedingt vor die Tür gehen möchten. Probieren Sie es selbst aus. Für Eltern kann es auch wichtig sein herauszufinden, welche Schulen in der Nähe liegen und welchen Ruf diese haben.

Wertgutachten bestellen (appraisal): In den USA wird zwischen

Wertgutachter (appraiser) und Gutachter (inspector) stark unterschieden. Im Immobilienbereich benutzt der Wertgutachter Daten über vergleichbare Transaktionen, seine Erfahrung, Vor-Ort-Besuche und so weiter, um zu einem Schätzwert zu gelangen. Denn das wird es immer bleiben - ein Schätzwert. Da der appraiser überhaupt nicht einschätzen kann, was morgen vielleicht für ein Zeitgenosse auftaucht und zu zahlen bereit ist, ist es was es ist - ungenau. Nichtsdestotrotz verwenden die Geldgeber diese Wertgutachten – und manche bestehen darauf – um eine ungefähre Vorstellung vom Wert des zu beleihenden Objektes, vom Schreibtisch aus, zu bekommen. Die Kosten tragen natürlich Sie. Einigermassen vorteilhaft ist, daß in allen US Staaten die Wertgutachter eine Lizenz vom Staat besitzen müssen. Die wird nur nach Schulung und Erfahrung ausgegeben.

Die Inspektion (Home inspection): Wie beim Gebrauchtwagenkauf können Sie, wenn Sie es sich zutrauen, natürlich den Zustand Ihres Traumhauses selbst ermitteln. Aber wie sicher sind sie sich dann ? Über Spezialausrüstung werden Sie wahrscheinlich nicht verfügen, und hier sind die Risiken etwas anders gelagert wie in Europa. Mit Termitenbefall oder Bodenabsenkungen kennen sich nicht alle Europäer aus. Die inspection ist wesentlich gründlicher als das appraisal, obwohl Käufer sich oft auf das Letztere verlassen. Dabei wird nicht bedacht, daß der appraiser lediglich einen Immobilienwert angibt für Größe, Lage, Baustil und »Zubehör«. Er übersieht oft mechanische oder strukturelle Mißstände, weil das gar nicht seine Hauptaufgabe ist. Dafür gibts den inspector. Wie gesagt, eine Pflicht ihn zu bestellen gibt es niemals. Aber gerade bei Bauten, die älter als 10 Jahre sind, kann es sich lohnen.

Fündig werden Sie zum Beispiel in den Gelben Seiten ihres Ortes unter »Building Inspection«. Ganz auf Nummer Sicher gehen Sie, wenn Sie einen inspector beauftragen, der einer anerkannten Organisation angehört. Erkundigen Sie sich *vor* der Bestellung über die Preise und den Arbeits- bzw. Leistungsumfang. Ich persönlich würde, wann immer möglich, den inspector auf seiner Tour durch mein künftiges Haus auf Schritt und Tritt begleiten. Sie können dabei eine Menge lernen. Jedenfalls sind neue Erkenntnisse über den Zustand des Hauses in der Regel Anlaß für neue Verhandlungen bezüglich des Kaufpreises, auch falls bereits der Vertrag unterschrieben ist. Das geht aber nur, wenn der Schriftsatz den Term »contingent upon attorney approval and inspection« enthält. Das bedeutet, daß der Vertrag nur dann gültig und entgültig ist, wenn Ihr Anwalt und inspector ihr O.K. geben. Der Verkäufer erklärt sich entweder bereit, die Reparaturen vor dem closing selbst durchführen zu lassen oder er macht Ihnen (oder Sie ihm) ein neues Preisangebot.

Ein verbindliches Angebot unterbreiten (making an offer): Alle Verträge im Zusammenhang mit Immobilien, nicht nur der eigentliche Kaufvertrag, werden nach dem Gesetz nur in Schriftform anerkannt. Mündliche Abschlüsse sind vor Gericht nicht rechtskräftig. Es besteht dabei Vertragsfreiheit, das heißt die Gestaltung und Formulierung bleibt den Vertragsparteien überlassen. Höchstwahrscheinlich wird irgendeine Art von Vordruck verwendet. Diesen sollten Sie sich vor Unterzeichnung, besser noch vor dem Ausfüllen in Kopie geben lassen und in aller Ruhe durchlesen. Alle Punkte, die Sie aus sprachlichen oder juristischen Gründen nicht verstehen, bitte unbedingt vor dem Unterschreiben mit Ihrem Agenten oder Anwalt klären. Denken Sie auch daran, wer die Formulare entworfen hat. Viele der Vordrucke der National Association of Realtors (US-Maklervereinigung) haben Klauseln eingebaut, die Anti-Käufer, Anti-Verkäufer oder sogar beides formuliert sind. Der Zweck dieser Formulare liegt ganz eindeutig darin, unter allen Umständen zum Kaufabschluß zu kommen, denn nur dann verdient der Makler. Auch die Verpflichtung zur Bestellung bestimmter Serviceleistungen durch den Broker kann enthalten sein. Also generell: Achtung bei Vordrucken, die nicht aus neutraler Hand stammen. Nachdem das offizielle offer vom Verkäufer durch seine Unterschrift akzeptiert wurde, ist es rechtskräftig. Mit auch nur einem einzigen Dollar als Anzahlung entgegengenommen, darf der Verkäufer für die Gültigkeitsdauer des Offers nicht mehr an einen anderen verkaufen, auch nicht falls der mehr bietet. Ein offer wird auch als »purchase and sale agreement« bezeichnet. Normalerweise sollte die Anzahlung in ein sogenanntes escrow Konto eingezahlt werden, um beide Seiten vor Mißbrauch zu schützen. Aus Käufersicht sollte also ausdrücklich und klar geregelt sein, daß Sie Ihre Anzahlung zurückerhalten, falls... Dieses »falls« hängt von ihren Interessen ab. Falls noch nicht geschehen, ist jetzt die Zeit gekommen, einen inspector zu beauftragen. Und wie schon gesagt - der offertext sollte Regelungen enthalten, wie bei der Entdeckung von Mängeln verfahren wird.

Nach dem Offer: Falls Sie direkt mit dem Besitzer dealen, ist jetzt bereits klar, daß er das offer akzeptiert hat und sie verfahren weiter wie beschrieben. Haben Sie nur mit einem Makler zu tun, der das Haus im Auftrag verkauft, so muß dieser das schriftliche offer erstmal dem Hauseigentümer vorlegen und dessen Antwort an Sie weiterleiten. Langes Warten sollten Sie trotzdem nicht akzeptieren. Deshalb ist es wichtig eine nur kurze Gültigkeitsdauer des offers zu vereinbaren. Jedenfalls kann die Antwort des Besitzers in der Zustimmung, Ablehnung oder in einem Gegenangebot (counter offer) bestehen. Falls das letzte der Fall ist, sollten Sie bei ausreichend Interesse am Objekt ein erneutes Gegenangebot machen. Aber das sollte das letzte sein. Nachdem der Termin für das closing (siehe unten) feststeht, möchte ich Ihnen noch einmal einen Durchsichtstermin des Hauses ganz kurz davor empfehlen. Trau, schau, wem.

Ihr Angebot wurde angenommen - Der Abschluß. (Closing): Rein technisch gesehen ist der Erwerb eines Hauses nichts anderes als der Austausch von einem Batzen Geld gegen die Eigentumsrechte und Schlüssel eines Gebäudes. Wie immer sieht die Wirklichkeit etwas weniger einfach aus. Mit closing wird der formelle Verkauf bezeichnet, also der konkrete Zeitpunkt, an dem die Eigentumsrechte an Gebäude und Geld auf die jeweils andere Person übergehen. Dazu gehören der deed transfer (Eigentumsurkunde), Kreditanträge, Versicherungspolicen usw. usw. Das closing findet normalerweise in einen Anwaltsbüro oder bei einer title Firma statt, und alle Parteien sind dann präsent. Einen Grundbucheintrag im deutschen Sinne gibt es nicht. Es existieren Archive in den Landkreisen, die Kopien der Verkaufsurkunden halten. Doch diese Archive besitzen lediglich Informationscharacter, keine Rechtskraft. Jeder der Beteiligten, Käufer, Verkäufer und Kreditgeber, muß sich gegen alle denkbaren Risiken so gut als möglich absichern. Daraus folgt eine Unmenge an Papierkram, und von vielen der Dokumente hat der durchschnittliche Käufer bisher weder etwas gesehen noch gehört.

WOHNEN AUF DER EIGENEN YACHT

Diese wunderschöne Möglichkeit sein Leben zu leben, mag für viele europäische Ohren exotisch, abgehoben oder einfach nur unbezahlbar klingen. Dem ist ausdrücklich nicht so. Im Grunde kann tatsächlich jeder das maritime Leben genießen. Der einzige Unterschied zu »den Reichen« ist: Sie müssen wahrscheinlich irgend etwas anderes dafür aufgeben. Na, wenn das alles ist!
Florida, Texas, Südkalifornien und weitere sind geradezu prädestiniert für diesen Lebensstil so nah an der Natur und an der grenzenlosen Freiheit. In Florida etwa gibt es mit dem Atlantik auf der Ostseite und dem Golf von Mexiko auf der Westseite, dazu noch viele Wasserstraßen im Inland und die Inselreihe der traumhaften Keys, nahezu kein Fleckchen Erde, das mehr als ein paar Schritte vom Wasser entfernt ist. Und es ist immer warm! Auch das Wasser. Deshalb ist diese Lebensart hier fast genauso normal wie alle anderen und wird durch die gute »maritime« Infrastruktur - es gibt wirklich sehr viele Marinas, mietbare Docks, Werkstätten, Schiffstankstellen, Restaurants mit eigenem Besucherdock und vieles mehr - nur gefördert. Und es besteht nicht einmal eine Bootsführerscheinpflicht! Ganz egal, für welche Schiffsart, Bootsgröße oder Motorisierung Sie sich entscheiden - kein Führerschein erforderlich, solange Sie keine gewerblichen Touren vorhaben.
Niemand schaut Sie komisch an, wenn Sie sagen »ich lebe auf der *MY Another Day In Paradise*«. Ganz im Gegenteil, Sie werden Bewunderung und teilhabende Freude ernten. Und tatsächlich, wenigstens in dieser Hinsicht hat die Fernsehserie »Miami Vice«, in der Don Johnson in Miami auf seiner Segelyacht wohnt, die pure Realität dargestellt (ob allerdings ein Alligator als Haustier auf dem Boot eine gute Idee ist, müssen Sie selbst entscheiden). Möglichkeiten, um Ihren maritimen Traum zu leben anstatt nur das Leben zu träumen gibt es genug. Auch hier haben Sie wieder die Qual der Wahl. Neben der prinzipiellen Unterscheidung zwischen Motoryacht und Segelyacht sollten Sie sich auch im klaren sein, ob es sich bei dem Erwerb um eine reine Wohnmöglichkeit ohne volle Seetüchtigkeit oder um ein fahrtüchtiges Schiff handeln soll. Wenn es nur darum geht, eine originelle Eigentumswohnung

ohne maritime Ambitionen zu besitzen, dann werden Sie eine Motoryacht gegenüber einer Segelyacht vorzuziehen. Der Grund liegt einfach darin, daß bei gleicher Rumpflänge eine Motoryacht erheblich mehr Raumangebot zu Verfügung stellt als ein Segler.

Nicht mehr seetüchtige, aber noch schwimmende Yachten können sehr billig sein. Schiffe mit Holzrümpfen jeder Bauart, fast immer ältere Semester, bekommen Sie fast hinterhergeworfen. Keiner will sie, weil der Wartungs- und Erhaltungsaufwand eines Holzrumpfes nicht eben billig ist, falls die Erhaltung der Seetüchtigkeit das Ziel ist. So für $10.000, manchmal sogar noch weniger, können Sie eine 35-40 Fuß Motoryacht aus den 60er Jahren bekommen. Von Interesse ist in diesen Fällen natürlich nur noch die Inneneinrichtung und die voraussichtliche Dauer der Erhaltung der Schwimmfähigkeit. Der Zustand der Motoren und der sonstigen Marinetechnik kann Ihnen schnurz sein. Wenn Sie ein bißchen Glück haben und vielleicht ein bißchen Geschick, dann ist es übrigens durchaus möglich, zu so einer älteren Wohnyacht völlig kostenlos zu kommen. Das funktioniert dann, wenn der/die Motor(en) noch in Schuß, eventuell sogar Diesel, sind. Clevere Freizeitkapitäne kaufen dann so ein Schiff für ein Apfel, manchmal müssen sie noch ein Ei drauflegen, und verkaufen den/die Motor(en) zum gleichen Preis wie das gesamte Boot weiter. Wenn sowieso nur gewohnt werden soll . . .

Voll seetüchtig - und Ihnen: Für mich persönlich ist das Leben in warmen Gefilden auf der eigenen, funktionstüchtigen und seefesten Yacht das Größte. Egal, ob Motor oder Segel. Ein Leben, das jeder einmal ausprobiert haben sollte. Aufwachen und in den blauen Himmel blicken. Zuhause dort nennen, wo es am besten gefällt. Am Wochenende kurz mal nach Kuba oder auf die Bahamas schippern. Sein eigener Herr sein. Das Fischdinner am Nachmittag vor der Küste selbst fangen. Sich die Nachbarn aussuchen können. Und so vieles mehr. Alles in allem - ein Traum! Und so teuer wie von Europa gewohnt muß das alles gar nicht sein. Besonders wenn Sie ein handwerkliches Händchen haben und Ihren Traum nicht in Top condition kaufen. Abhängig von gewünschter Größe und Art geht es so bei, ich würde sagen $30.000 los, kann aber schnell in astronomische Höhen steigen.

Der Kauf: Ein Schiffskauf geht so ähnlich wie ein Autokauf vor sich. Sie schauen sich Ihre Yacht an und unterbreiten ein Angebot. Falls der Verkäufer es akzeptiert, wird das Angebot schriftlich festgehalten. Deshalb sollte das Papier einen Passus enthalten der versichert, daß Sie ohne jeden Nachteil vom Kauf zurücktreten können. Oder ein Preisabschlag verhandelt wird, falls ein Gutachter (surveyor) wesentliche Mängel findet und/oder Sie mit der Testfahrt (sea trial) nicht zufrieden sind. Für uns ungebräuchlich ist, daß man oft eine Anzahlung von 10 % erwartet, obwohl Sie zu diesem Zeitpunkt weder wissen, ob Sie wirklich kaufen möchten, noch, ob der Verkäufer Ihr Angebot überhaupt annimmt. Diese Anzahlung ist bei einem Broker (Makler-) kauf nahezu immer erforderlich, beim Kauf von Privat manchmal.

Für die Schiffsdokumente gibt es zwei Möglichkeiten, wenn man davon ausgeht, daß das Schiff in den USA registriert ist. Entweder ist Ihre neue Liebe »documented« oder »titled«. *Titled* bedeutet, es existiert ein certificate of title, genau wie für Auto oder Haus. Ausgefertigt vom jeweiligen US-Bundesstaat. Das hat den Vorteil, daß sie sofort sehen können, ob das Schiff mit einem Kredit belastet ist. Dieser wird nämlich in den title eingetragen. Oder der title wird sogar vom Geldgeber einbehalten.

Documented bedeutet, daß das Schiff bei der amerikanischen Küstenwache nach internationalem Recht registriert ist. Das steht ranglich über dem Bundesstaatrecht und kann beim Einlaufen in ausländische Häfen zeitsparend sein. Allerdings - ein Nicht-US-Resident darf sein Boot nicht bei der Coast Guard registrieren. Auch falls der Schiffseigentümer eine Firma ist, muß diese Firma mehrheitlich (> 50 %) Amerikanern oder legalen Residents gehören. So oder so, bei einem Kauf/Verkauf eines Schiffes/Bootes, auch bei Gebrauchten, wird Sales tax fällig. In Florida zum Beispiel 6% des Kaufpreises. Das kann sich summieren. Deshalb gibt es einige Wege darum herum. Doch alle einzeln aufzuführen würde den Rahmen des Buches sprengen. Sales tax fällt zum Beispiel nicht an, wenn das Schiff nach nicht mehr als 90 Tagen aus Florida ausgeführt wird und kein Florida-title beantragt wird. Oder, wenn Sie offiziell in einem anderen Bundesstaat wohnen und Ihr Schiff jedes Jahr für nicht länger als 6 Monate nach Florida verlegen. Alles in allem bleibt zu sagen, daß es wunderbare Schiffsdeals gibt, die manche Preise in anderen Ländern geradezu nach Wucher aussehen lassen. Trotzdem, oder gerade deswegen, rate ich Ihnen zu einer netten Portion Aufmerksamkeit und Mißtrauen: Es ist schon vorgekommen, daß der Jahrhundertdeal in cash direkt am Dock geschlossen wurde. Der Verkäufer verschwand schnell, und der Käufer freute sich über das tolle Geschäft - bis der wirkliche Yachtbesitzer auftauchte!

Das Dock und die Unterhaltskosten: Für den Fall, daß Sie kein Haus mit Dock besitzen (Docks kann man auch einzeln kaufen, sie sind aber mit > $20,000 relativ teuer) oder Ihnen ein Freund eines zu Verfügung stellt, kann die Dockmiete den größten Posten in Ihrer Kalkulation ausmachen. Angebote gibt es zahlreich, aber nachfragende Yachten, gerade in Südflorida im Winter, eben auch. Die Dockmieten variieren sehr, von

$200/Monat für eine 30 Fuß Yacht am Standarddock
bis $1500/Monat für eine 45 Fuß Yacht am Dock mit Pool, Barbecue etc.

Ort und Lage ist ebenso entscheidend wie bei den Immobilen. Für größere Schiffe wird es ganz schnell ganz wesentlich teurer. In den Preisen sind oft die Wasser- und Stromkosten mit eingeschlossen. Die Anmietung eines Docks ist unkompliziert und innerhalb weniger Minuten erledigt. Oft liegt neben Wasser und Strom auch Kabel (Fernsehen) und Telefonanschluß am Steg. Daneben gibt es noch den Trockenliegeplatz und natürlich freies Ankern.

3. Ride your dream - Fahren

Amerika ist auch heute noch das Autoland, und Amerikaner sind nicht gerade als Automuffel bekannt. Günstige Kraftstoff- und Ersatzteilpreise spielen dabei bestimmt einen Rolle, doch hauptsächlich sind Freiheits- und Unabhängigkeitsanspruch weit stärker ausgeprägt als bei Europäern. Und ein weiterer Grund ist natürlich: Amerika ist riesig! Von Südflorida nach Kalifornien und wieder zurück, das sind immense 13.000 Kilometer. Bei solchen Ausdehnungen wundert es nicht, das auch die US-Städte in ähnlicher Weise gebaut sind. Denken Sie bitte nicht »Ach, das bißchen Einkaufen/ Anschauen mache ich zu Fuß oder mit Fahrrad.« Es ist u n m ö g l i c h! Ganz gleich ob Sie als Tourist, Langzeitbesucher oder Immigrant einreisen.

Die Entfernungen verlangen nach einen KRAFTfahrzeug. Sie kommen nicht drumherum, wenn Sie nicht gerade zum Extremismus neigen. Dazu sind die Distanzen einfach zu groß, die Ziele zu weitläufig und der öffentliche Verkehr zu wenig ausgebaut. Als Kurzzeittourist, sagen wir bis zu drei Wochen Aufenthalt, wird ein Mietwagen die beste Wahl sein. Aber schon bei etwas längerer Dauer – und für Einwanderer sowieso – lohnt es sich, über mobiles Eigentum nachzudenken. Ob Sie sich auf dem Gebrauchtwagenmarkt umsehen möchten oder ob es ein Neuer sein soll, das müssen Sie selbst entscheiden.

Für die meisten Leser wird wahrscheinlich ein PKW die richtige Wahl sein. Die Anzahl der Angebote, sowohl neu als auch gebraucht, ist riesig. Doch auch der Markt für stärker ausgeprägte Individualisten läßt nahezu keine Wünsche offen. Sie finden, ebenfalls neu und gebraucht, Kleinbusse, Großbusse, Wohnmobile und Motorräder in großer Zahl. In den USA, dem größten Autoland der Welt, ist die Fahrzeugdichte pro Einwohner natürlich groß. Doch außer in Ballungszentren fällt das nicht sehr auf, da immer viel Fläche zu Verfügung steht. Und weil ein angenehmes, ruhiges Flair der meisten amerikanischen Autofahrer eine entspannte Ruhe im Verkehr aufkommen läßt. In größeren Städten und deren Umgebung kann es etwas anders ausschauen. Da tritt schon mal fast europäisches Verkehrsverhalten wie hektisches Hupen oder entnervtes Fluchen hinter dem Steuer auf. Schade.

Etwas ungewohnt für Europäer ist zunächst das Straßenbild. Die deutschen Marken wie Porsche, Mercedes, BMW und Volkswagen gelten hier als exclusiv und sind teuer - gemessen an den anderen US-Autopreisen. Ein New Beetle zum Beispiel kostet allerdings immer noch so um die 25 % weniger als in Deutschland. Allerdings besitzen die Euromobile auch das Renommee' als sehr zuverlässige, sparsame und leistungsstarke Autos. Im Statusdenken der sonst eher patriotisch handelnden Amerikaner sind diese Fabrikate deshalb hoch angesiedelt - und zwar oberhalb den einheimischen Luxusmarken Cadillac und Lincoln. Neben europäischen und amerikanischen Fabrikaten, die zurzeit in einer großen Krise stecken, wird das US-Straßenbild aber auch von japanischen Herstellern beherrscht. Viele der japanischen Modelle machten es nie nach Europa und werden Ihnen daher unbekannt sein. Bisher noch beliebt und dementsprechend häufig im Straßenbild zu finden sind die sogenannten Pick-ups (PKW-Größe oder darüber, mit meist zweisitziger Fahrerkabine und daran anschließender offener Ladefläche) und die Vans (Kleinbusse, oft luxuriös ausgestattet).

Zustand und Preise: Hier ist ein wenig Umgewöhnung angesagt. Waren die Preise für Amerikaner und Japaner früher günstiger als gewohnt, so hat sich dies heute geändert. In Dollar sind die US-Autopreise in den vergangenen Jahren stark angestiegen. Aber – wer aus dem Euroraum kommt, findet immer noch gute Angebote. Außerdem sieht es zur Zeit so aus, als würden die Preise für längere Zeit eher sinken.

Zum anderen wird ein Auto in den USA benutzt und nicht gehätschelt. Ausnahmen gibt es. Interessant ist obendrein, daß ja in Europa die Bürgermeinung seit Jahrzehnten davon ausgeht, daß ein Auto, das die 100.000 km Grenze überschritten hat, mehr oder weniger zum alten Eisen gehört. Oder zumindest seine besten Tage hinter sich hat. In den USA glaubt man ganz genauso an diese magische 100.000er Grenze – bloß hier sind es plötzlich Meilen. Also 160.000 Kilometer. Für die gleichen Autos.

Bei einem Gebrauchtwagenkauf sollten Sie sich darauf einrichten, daß Ihnen auch Fahrzeuge, die bei uns eindeutig auf dem Schrottplatz Ihr letztes Zuhause fänden, zum Kauf angeboten werden. Obwohl es natürlich auch billiger geht, sollten Sie mit mindestens $5.000 anfangen, falls Sie nicht zu den Kfz-Fachleuten gehören. Dafür erhalten Sie einen zuverlässigen, nicht zu altes Fahrzeug, vielleicht als station wagon (Kombi), der gerade in der Anfangszeit sehr hilfreich sein kann. Neuere und teurere Autos gibt es wie Sand am Meer. Kleinere Beschädigungen durch unaufmerksames Türöffnen des Nachbars auf Supermarkt-Parkplätzen etc. aber auch. Ob es Ihnen Freude macht, auf einer teuren, metallic-lackierten Karosserie jede Woche neue kleine Beulen und Kratzer zu begutachten, müssen Sie selbst beurteilen.

Die Kraftfahrzeug-Papiere: Die Kraftfahrzeugpapiere unterscheiden sich ein wenig von den gewohnten europäischen. Es gibt derer zwei: *Certificate of Title:* Zu jedem Fahrzeug (auch Schiff, Flugzeug, Haus) gehört ein »Certificate of title« kurz title. Das ist die Besitzurkunde, aber nur in etwa vergleichbar ist mit dem deutschen Kraftfahrzeugbrief. Nur etwas vergleichbar, weil dieser title neben der Fahrgestellnummer und dem Baujahr so gut wie keine technischen Daten enthält. Leistung, also die PS bzw. KW-Angabe ist den Amerikanern völlig fremd. Hauptsächlich dient der title dem Eigentumsnachweis und muß nicht mitgeführt werden. Und weil das Hauptaugenmerk auf »Eigentumsnachweis« liegt und in den USA immer alles ein bißchen anders funktioniert, enthält der title auch den Eintrag über einen eventuellen Kredit, für den das Fahrzeug die Sicherheit darstellt. Also - Augen auf beim Kaufen. Ein weiterer Unterschied zum bekannten Kraftfahrzeugbrief besteht darin, daß der Kilometerstand zum Transferdatum enthalten ist.

Falls Sie Ihr Fahrzeug einmal verkaufen, erhält der Käufer nach Bezahlung den von Ihnen unterschriebenen title und wird damit rechtmäßiger Eigentümer. Für die Eigentumsfrage spielt es keine Rolle, welcher Name im title eingetragen ist. Der physische Besitz (des titles) zählt. Deshalb sind die Amerikaner auch einigermaßen komisch im Umgang mit den titles. Falls Sie weiter entfernt wohnen und sich zum Beispiel eine Kopie des titles eines Autos oder Boots einfach zur Vorabinfo schicken oder faxen lassen wollen, werden Sie oft keinen Erfolg haben – weil der Verkäufer fürchtet, damit bereits einen Eigentumsübertrag vorzunehmen, ohne den Kaufpreis kassiert zu haben.

Wie dem auch sei, laut Gesetz (das oft als Empfehlung denn als todernster Befehl des Staates betrachtet wird) ist der neue Besitzer innerhalb einer Frist zur Anmeldung verpflichtet. Dies wird aber sehr gern und oft verzögert, manchmal sogar bis zum späteren Weiterverkauf. Die Absicht dabei lautet sparen, und zwar die Sales tax und die Gebühren, die bei der Ummeldung fällig werden. Nach Ausstellung behält der Title seine Gültigkeit bis sich die Eigentumsverhältnisse ändern. Bei der registration, der Zulassung, handelt es sich um einen einfachen Computerausdruck, der Ihnen bei der Zulassung ausgehändigt wir (entspricht ungefähr dem Kfz-Schein und sollte mitgeführt werden). Die registration ist jeweils ein Jahr gültig und immer an Ihrem Geburtstag fällig.

Die An/Ummeldung: Möglicherweise wird Ihnen während des Procederes des Autokaufs erstmalig bewußt, wie schön unkompliziert und unbürokratisch es eben auch gehen kann. Melden Sie erstmals ein Fahrzeug an, dann bekommen Sie ein Kennzeichen zugeteilt (eine sechsstellige wirre Buchstaben- und Zahlen-kombination, z. B. UNL33M), das personenbezogen ist und Ihr Eigentum auch bei Fahrzeugwechsel bleibt. Vergessen Sie deshalb bitte nicht, Ihr Kennzeichen beim Fahrzeug-Verkauf abzuschrauben und zu behalten. Geben Sie es auch nicht her aus Hilfsbereitschaft unter dem Versprechen, das Sie es gleich morgen zurückbekommen. Das Risiko ist einfach zu hoch, daß damit Unsinn passiert. Viele registration agencies bieten Ihnen das Zulassen oder das jährlich fällige Erneuern der Zulassung Ihres Fahrzeuges gegen eine relativ geringe Gebühr an. Falls Sie es selbst erledigen wollen, benötigen Sie Kaufvertrag, title des Vorbesitzers (muß von ihm unterschrieben sein), Versicherungsbestätigung und einen Führerschein. Die Zulassung gibt Ihnen direkt ein Kennzeichen und berechnet auch die Salestax gleich mit. Falls es sich um Ihr erstes Kennzeichen handelt, kostet es oft einmalig $100. Besitzt das Fahrzeug einen title aus einem anderen Staat, etwa New York oder California, werden Sie gebeten, die Fahrgestellnummer beglaubigen zu lassen. Lustig, denn die Beglaubigung vollzieht ein anderer gegen eine geringe Gebühr, ohne sich das Fahrzeug oder eine Datei im Rechner überhaupt anzuschauen. Naja, was solls. Den title, das wichtigste Dokument, erhalten Sie nach ca. 2 Wochen per Post. An Verwaltungsgebühren fallen etwa $30 an, die Ausfertigung des neuen titles kostet ca. $40. Fertig.

Neben der dargestellten Kennzeichenvergabe existiert noch eine andere Möglichkeit für den Fall, daß der Besitzer sich ein besonderes Kennzeichen wünscht. Dann haben Sie nämlich die Möglichkeit, jede Buchstaben/Ziffern-Kombination als Autokennzeichen zu wählen, die höchstens 6-stellig ist und noch nicht vergeben wurde. Persönliche oder lustige Kennzeichen wie zum Beispiel CAROL, MYLOVE oder 007 sind kein Problem. Die Kosten hierfür betragen ungefähr $ 60,- für das Schild.

Alle aktuellen Gebühren, Anschriften der Registration offices, Angaben über benötigte Dokumente usw., kurz - alles was Sie zum An- oder Ummelden wissen müssen, finden Sie auch im Internet, für Florida beispielsweise unter:

Sofort-Kontakt: www.hsmv.state.fl.us/html/titinf.html; www.hsmv.state.fl.us/dmv/taxcounty.html

Kraftfahrzeug-Steuer: Kurz und gut - nicht vorhanden. Die jährliche Renewal (Erneuerungs) - Gebühr für die Registrierung des Kennzeichens könnte die Bezeichnung Steuer wenigstens theoretisch tragen. Aber bei einem Gesamtbetrag von $10-30 pro Jahr, der auch noch die Bearbeitungsgebühr und die neuen Aufkleber enthält, kann man ruhigen Gewissens behaupten - Kfz-Steuer, unbekannt.

Kraftfahrzeug-Versicherung: Bis vor einigen Jahren bestand keine allgemeine Versicherungspflicht. Jeder Bürger hatte die freie Wahl, ob oder ob nicht sein Fahrzeug versichert werden soll. Da dies im Zuge der hohen Wachstums- und Zuzugsraten zu immer mehr Ärger führte, wurde in vielen US-Bundesstaaten eine Haftpflicht-Versicherungspflicht für Kraftfahrzeuge eingeführt. Leider sind die zu zahlenden Prämien nicht von schlechten Eltern. Es wird sehr differenziert unterschieden nach Fahrzeugmarke, Modell, Alter, Alter des Fahrers, Strafzetteln und Wohnort. Insurance agencies, also Versicherungsbüros, gibt es wie Sand am Meer und genauso viele verschiedene Preise gibt es auch. Auch der Versicherungssektor unterliegt den Gesetzen der freien Marktwirtschaft: Diskutieren, Handeln und Hinweisen auf die billigere Konkurrenz ist immer möglich.

TÜV: Ganz kurz - unbekannt! Eine regelmäßige behördliche Untersuchung der Fahrzeuge existiert nicht. Trotzdem funktioniert das System, wie Sie sich selbst überzeugen werden. Grobe Mängel wie »Scheinwerfer fehlen, Rad abgebrochen« etc. werden manchmal von Polizisten bemängelt, falls Sie in eine der seltenen Verkehrskontrollen kommen oder beim zu Schnell fahren erwischt wurden. Ansonsten - keinerlei Belästigungen. Selbst das sehr laute Getöse meines defekten Auspuffs hat für zwei Wochen niemanden außer mich aus der Ruhe gebracht. Polizisten lockte es mehrmals nur ein mitleidiges Lächeln hervor. Als ich einmal von einem Parkplatz wegfahren wollte, standen genau hinter meinem Auto zwei Polizisten im angeregtem Plausch. Nach kurzem Überlegen entschied ich mich für die direkte Variante und warnte die Polizisten vor, sie mögen sich bitte beim Anlassen des Motors nicht erschrecken. Erwartungsvoll richteten sich vier Gesetzeshüteraugen auf mich. Nach dem Starten des Motors grinsten beide und bedeuteten, ich möge doch mal richtig Gas geben.

Auf keinen Fall wird der Zustand der Karosserie bewertet. Kommt es allerdings zum Unfall, und sollte der Grund dieses Unfalls in mangelnder Verkehrssicherheit Ihres Fahrzeuges liegen, »then you are in trouble!« Strafe vor Gericht (falls es zu einem Verfahren kommt) droht und die Versicherungsprämie geht hoch!

DER KRAFTFAHRZEUG-EINKAUF

Grundsätzlich macht es einen großen Unterschied, ob Sie neu oder gebraucht kaufen wollen. Dies ist keine Trivialfolgerung. Die Erfahrung, in den USA ein neues Auto zu kaufen, möchten Sie sich nach dem ersten Mal für die Zukunft vielleicht ersparen. Kapitalismus pur regiert. Es geht um IHR Geld - und sonst gar nichts. Sie werden ausgenommen nach Strich und Faden, wenn Sie nicht mit allen Wassern gewaschen sind. Es ist einfach unglaublich. Nach 3 Tagen und -zig Händlerbesuchen kann es durchaus vorkommen, daß es Ihnen noch nicht einmal gelungen ist, einen konkreten Preis für Ihr neues Wunschgefährt zu erfahren. Weil man sehen möchte, wie gut Sie informiert sind, ob man Ihnen einen Mondpreis andrehen kann, wie die Konkurrenz dasteht etc. etc. Gar nicht zu reden von den 1001 Tricks, Versprechungen, Zusagen, Ausreden mit denen die Verkäufer arbeiten. Falls Sie von Beruf Einkäufer sind - hier ist Ihr ultimatives Testfeld. Wer hier besteht, besteht überall.

Eine erste Übersicht können Sie sich im täglichen Anzeigenteil der Tageszeitung verschaffen. Die Anzeigen der Neuwagenhändler im Quadratmeterformat überschlagen sich nur so von Angeboten aller Couleur. Da auch dieser Markt frei ist von staatlicher Gängelung und ein Rabattgesetz, Zugabeverordnung oder wie sie alle heißen unbekannt ist, kann mit allen möglichen und unmöglichen Zusatzangeboten gearbeitet werden. Die Händler schenken Ihnen beim Autokauf $1000, geben TV-Satellitenschüsseln kostenlos ab, überreichen Disney World Eintrittskarten für die gesamte Familie, garantieren 6 Monate kostenloses Tanken usw. usw. Dadurch wird es zwar nicht langweilig, aber das Vergleichen der Preis wird auch umständlicher.

Vielleicht werden Sie anstelle eines Neufahrzeuges zunächst ein Gebrauchtfahrzeug erwerben wollen. Schon der überdurchschnittliche Wertverlust der ersten Jahre ist für viele Menschen Anlaß genug, um sich für einen »gut eingefahrenen« zu entscheiden. Manche Gebrauchtwagen-Händler erklären sich übrigens bereit, den Wagen nach vereinbartem Zeitraum zu einem bestimmten Preis wieder zurückzunehmen.

Da der Markt sich teils erheblich vom bekannten unterscheidet, wäre eine erste Preisübersicht nicht schlecht. Schließlich wollen Sie ja vermeiden, ein überteuertes Auto zu kaufen, stimmts ? Dazu gibt es unter anderem das Kelly's Blue Book, möglicherweise das Vorbild für die in Europa bekannte Schwacke-Liste. Nach Hersteller, Modell, Jahr und Ausstattung können Sie hier einen fundierten Anhaltspunkt für den Marktwert Ihres Modells erhalten. Auf den Dollar genau nehmen sollten Sie die Preise aber nicht. Selbstverständlich sind Kellys Listen auf dem Internet vertreten:

Sofort-Kontakt: www.kbb.com

Sie geben einfach die Daten ein und erhalten den aktuellen Marktpreis. Eines ist dabei noch wichtig. Kellys Blue Book Preise sind differenziert nach Verkaufsregion. Das ist angebracht, weil für ein und dasselbe Auto im riesigen Amerika teilweise Preisunterschiede durch die großen Entfernungen und unterschiedliche Staatsvorgaben vorkommen. Ein VW Käfer zum Beispiel ist bei gleichen Daten in Kalifornien teurer als in Georgia. Um diesen Preisgefällen Rechnung zu tragen, werden Sie auf der Abfrageseite von Kellys gebeten, einen ZIP-Code einzugeben (das ist die USA-Form der Postleitzahl. Falls Sie sich in Südflorida umschauen, können Sie „33303" verwenden).

Kauf von Privat aus dem Zeitungs-Kleinanzeigenteil: Da jede Region ihre eigene Tageszeitung besitzt, macht es wenig Sinn, hier alle Zeitungstitel aufzuführen. Die meisten Angebote finden Sie unter der Rubrik »Transportation«, jeweils sortiert nach Marke und innerhalb der Spalten sortiert nach Modell und Jahr. Kleinanzeigen des Gebrauchtfahrzeugmarktes sind jeden Tag in relativ großer Anzahl enthalten, der stärkste Tag ist der Sonntag. Die Zeitungsanzeigen können auch alle im Internet abgerufen werden. Wie sieht so eine Anzeige nun aus ? Hier eine echte aus dem *Sun-Sentinel* (Ft. Lauderdale):

> Cadillac Fleetwood - '83, 58k mi, auto., a/c, loaded, nonsmoker, 1 owner, mint, bookvalue $4200, sac $3250 954-965-8674

Das Abkürzungen bedeuten im Klartext (und auf deutsch): **Cadillac Fleetwood:** Hersteller und Modell, **83:** Das Baujahr, hier: 1983, **58k mi:** Abkürzung für 58.000 miles (= 58 Kilomeilen), **auto.:** Automatic-Getriebe, **a/c:** Air Conditioning, Klimaanlage, **loaded:** Umgangssprache für

„Vollausstattung", **nonsmoker:** Nichtraucherwagen, **1 owner:** ein Vorbesitzer (das bedeutet aber nicht, daß der Verkäufer auch dieser Vorsitzer ist), **mint, oder: mint condition:** Umgangssprache für „sehr gepflegter Zustand", **bookvalue:** Die amerikanische »Schwackeliste«, Kellys Blue Book genannt, taxiert ein Fahrzeug mit den genannten Daten auf $4200. Solche Angaben sollten Sie immer selbst überprüfen, **sac.:** Abkürzung für sacrifice: Verschleudere für...

Kauf von Privat aus dem Internet: Das Angebot an Kleinanzeigen ist riesig. Das Land auch. Deshalb muß man wissen, das man sich mithilfe des ZIP-Codes, der Postleitzahl, nur die Angebote der näheren Umgebung anzeigen läßt. Das meines Wissens nach größte Gebrauchtfahrzeugangebot im Internet finden Sie bei den Tradermagazinen. Der Zugriff ist zumeist kostenlos:

Sofort-Kontakt: **www.traderonline.com**

Sie können zum Beispiel auch nur eine telefonische Vorwahl eingeben und bekommen nur Angebote aus dieser Stadt. Sie können das Baujahr und/oder den Preisbereich einschränken und natürlich können Sie gezielt nach einen ganz bestimmten Modell suchen.

Kauf beim Kfz-Händler: Sie können sich nicht vorstellen, wieviel Autohändler es in einer amerikanischen Durchschnittsstadt gibt. Es ist einfach unglaublich. An manchen Straßen reiht sich einer an den anderen, und das geht dann kilometerweit so. Ich habe mich oft gefragt, wie jeder Einzelne einen ausreichendem Umsatz erzielt. Im Gegensatz zum Kauf von Privat bezahlen Sie natürlich immer die Gewinnspanne des Händler mit, die aber, das muß man fairerweise betonen, in den USA üblicherweise geringer ist als zum Beispiel in Deutschland. Anders als von Europa gewohnt können Sie bei den meisten Händlern auch abends oder am Sonntag einkaufen. Für den Kauf beim Händler gibt es einige Dinge zu beachten, damit Sie nicht unversehens Überraschungen nach Murphy erleben:

- Oft ist kein Preis am Fahrzeug angegeben. Sie sollten wenigstens eine ungefähre Vorstellung über den Wert des Fahrzeuges im Kopf haben, ansonsten wird es Ihnen ohne mit der Wimper zu zucken zum Wucherpreis verkauft. Manchmal ist doch ein Preis auf die Windschutzscheibe gemalt, aber mit dem Zusatz »dn.« Das bedeutet »down«. Dabei handelt es sich keineswegs um den Kaufpreis, sondern um die Anzahlung in bar, die Sie leisten müssen, um dieses Auto auf Kredit zu kaufen. Wider jede Ratio ist bei den Amerikanern oft nicht der Gesamtkaufpreis, sondern vielmehr die Höhe der Anzahlung und die Höhe der monatliche Raten kaufentscheidend.

- Handeln ist grundsätzlich einkalkuliert. Falls der Händler nicht bereit ist, mindestens (!) 20 % von seinem ursprünglich genannten Preis abzuschlagen, sobald er davon überzeugt ist, daß Sie ein ernsthafter Interessent sind, dann stimmt etwas nicht. Entweder haben Sie eines der ganz ganz seltenen, wirklich guten Angebote gefunden - oder Ihre Verhandlungstaktik läßt sich noch etwas verbessern.

- Die Tatsache, bar zu bezahlen, ist ein großes Verhandlungsplus. Die weitaus meisten Autos, auch die Gebrauchten, werden auf Kredit gekauft.

- Der einzige rechtmäßige Aufschlag auf den vereinbarten Kaufpreis ist die Sales tax mit 6 %. In vielen Fällen kommt der Händler dann noch mit Liefer-, Bereitstellungs- oder sonst was für Gebühren. Wenn er nicht bereit ist, auf diese »großzügig« zu verzichten, lassen Sie die Finger davon. Einzige Ausnahme: Sie besitzen noch kein Kennzeichen. Diese Kosten darf er in Rechnung stellen. Ich empfehle Ihnen, lediglich ein sogenanntes temporäres Kennzeichen (Temporary Tag) zu nehmen, zu dessen Ausstellung der Händler in der Regel autorisiert ist. Dieses zeitlich befristete Kennzeichen gilt 30 Tage, kostet ca. $30 Gebühr und erlaubt Ihnen, sich selbst um die Zulassung zu kümmern und auch sofort vom Händlerplatz weg zu fahren.

4. Earn your dream – Der Arbeitsmarkt

Zum legalen Aufnehmen einer bezahlten angestellten Beschäftigung oder Tätigkeit in den USA, völlig gleich um welche es sich handelt, benötigen Sie irgendeine Form von Arbeitserlaubnis. Das kann zum Beispiel ein Visa sein. Solange dieses Visa nicht GreenCard heißt, ist die Arbeitsgenehmigung so gut wie immer auf eine bestimmte Tätigkeit beschränkt. Nur in der Green Card, der ständigen Aufenthaltsgenehmigung für die USA, ist eine uneingeschränkte – weder nach Zeit noch nach Tätigkeit beschränkte – Arbeitserlaubnis bereits enthalten. Davon unberührt bleiben Zusatzprüfungen für bestimmte Berufe wie etwa Mediziner, die der Staat vor der Arbeitsaufnahme vorschreibt.

Die Arbeitslosenquote ist mit derzeit ca. 9 % recht hoch. Irgendeinen Job zu finden, ist dennoch oft kein Problem. Schon eher ist es eins, einen qualifizierten Arbeitsplatz zu finden. Üblicherweise wird eher abgeklärt und gar nicht hektisch mit einer Art »easy going« der beruflichen Tätigkeit nachgegangen. Es kann durchaus passieren, daß ein Angestellter nach dem lunch nach Hause geht, um sein Haus zu streichen oder mal wieder mit den Kindern zu spielen. Wohlgemerkt - ohne daß er Urlaub nimmt, sich krank meldet oder eine Gleitzeitkarte stempelt (Menschen, die diese Möglichkeiten zu sehr ausnutzen, bekommen selbstverständlich auch in den USA Probleme). Doch wie immer man es auch betrachtet, um eine Tatsache kommt man nicht herum. Die USA sind weder Schlaraffenland, noch existiert die allumfassende Fürsorge von »Vater« Staat für neue Einwanderer, wie Sie es vielleicht gewohnt sind oder eventuell erwarten. Träumer ohne großes Bankkonto, Menschen, die sich einfachen schnellen Reichtum erhoffen oder aber diejenigen, die sich hinsetzen und abwarten, daß Ihnen jemand sagt, was zu tun ist, werden mit großer Wahrscheinlichkeit nicht glücklich werden.

Grundsätzlich haben Sie wie »zuhause« auch die Wahl zwischen einem abhängigem Arbeitsverhältnis als Angestellter oder einem unabhängigen Arbeitsverhältnis als ein in irgendeiner Form selbständig Tätiger. Eventuell werden Sie sich auch für eine Kombination entscheiden, was besonders in der Anfangsphase einer geplanten Selbständigkeit sinnvoll und vorteilhaft sein kann.

ANGESTELLT IN DEN USA

Arbeitnehmerschutz, Kündigung: Kurz gesagt, bauen Sie nicht darauf. Ein Unternehmer hat in den Vereinigten Staaten seine Entscheidungsgewalt über sein Unternehmen weitgehend behalten. Hire and Fire funktioniert. Nur in den ganz großen Werken, etwa bei Automobilherstellern, gibt es mächtige Gewerkschaften. Ansonsten sind Sie auf sich gestellt. Aber wie überall gilt natürlich: Kein Arbeitgeber läßt einen guten Mitarbeiter freiwillig gehen. Die Kündigungsfrist beträgt oft nur zwei Wochen und besteht teils sogar nur als ungeschriebene Abmachung. Es kommt zwar nicht laufend vor, aber es ist nichts ungewöhnliches, daß ein Angestellter am Freitag kündigt, um am Montag bei einer neuen Firma anzufangen. Die Einhaltung der Kündigungs-frist ist oft das Danke des Arbeitnehmers an einen ansonsten netten Arbeit-geber.

Als regelmäßige **Arbeitszeit** ist in den USA die 5-Tage-40h-Woche eingeführt, obwohl viele Geschäfte und Supermarktketten auch sonntags für 12 Stunden, manchmal auch für 24 Stunden geöffnet haben. Auch an den meisten Feiertagen wird häufig geöffnet. Nur kleinere Shops, Banken und Versicherungen öffnen üblicherweise um 9.00 Uhr und schließen pünktlich um 17.00 Uhr, was dann auch der persönlichen Arbeitszeit entspricht. Komisch, oder ? Das sind ja bloß acht Stunden. Wo sind denn die Pausen ? Tja, auch das ist hier nicht geregelt. Theoretisch haben Sie keine. In der Praxis sieht das natürlich anders aus. Man ißt, geht raus zum Rauchen und unterhält sich während der Arbeitszeit.

Die Zahl der **Urlaubstage** ist unter anderem vom Arbeitgeber abhängig, wird aber 2-3 Wochen pro Jahr anfangs nicht überschreiten. Dazu erhalten Sie aber noch die sogenannten sick-days, meistens einer pro Arbeitsmonat. Das sind bezahlte Krankheitstage, die der Arbeitgeber Ihnen gewährt - auch wenn Sie nicht krank sind. Also ist der tatsächliche Urlaubsanspruch doch nicht so sehr verschieden von Europa.

Bei der **Krankenversicherung** müssen Sie eigenverantwortlich vorsorgen. Im Gegensatz zur in Europa vorherrschenden Fehlmeinung bieten viele Arbeitsgeber eine Art Betriebskrankenkasse an, die eigentlich nichts weiter ist als ein Abkommen des Arbeitsgebers mit irgendeiner Krankenversicherung des freien Marktes. Genau wie in Europa bezahlen Sie 50 % der Krankenversicherungsbeiträge und der Arbeitgeber die anderen 50 %. Im Gegensatz zu Europa werden Sie aber nicht gezwungen, Mitglied zu werden. Wenn Sie versichert sein möchten – schön. Wenn Sie nicht möchten – auch schön. Übrigens ein in den USA weitverbreitetes Prinzip für alle Lebenslagen. Und die üblichen Versicherungsprämien sind mit ca. $200/Monat günstig. Diese Versicherungsbeiträge sind auch nicht lohnabhängig, sondern fix. So bleibt nach einer Gehaltserhöhung auch wirklich mehr für Sie übrig.

Gleiches gilt für die **Rentenversicherung.** Auch bei und über diese entscheiden nur Sie selbst, und zwar über alle denkbaren Fragen: Wollen Sie überhaupt eine? Wieviel möchten Sie einzahlen ? Welche Art von Vermögens-anlage soll es sein ? Ein Rentenkonto kann alles sein: Aktiendepot, Lebensver-sicherung, Festgeldkonto – was immer. Wenn ein Konto als Rentenkonto eingerichtet wurde, dann ist es bis zu einem gewissem Grad steuerbefreit.

Auch eine **Arbeitslosenversicherung** gibt es in den USA. Der wesentliche Unterschied zum deutschen Adäquat liegt in der Höhe der Beiträge und Leistungen. Sowohl die zu zahlenden als auch die auszuzahlenden Beträge besitzen dem originären Gedanken nach nur eine Notfunktion. Sie liegen weit unterhalb des deutschen Niveaus und animieren zur Stellensuche.

Geht es um das **Gehalt** in Amerika, dann hört man oft phantastische Summen von Vorstandsmitgliedern und ähnlichen Berufsebenen. Doch wie sieht es für uns, die »Normalen« aus? Je nach Beruf, Firma und Bundesstaat liegt das Brutto-Einkommen zwischen -30 Prozent und +30 Prozent über/unter den deutschen. Neben den schon dargestellten »Vereinfachungen« im Tagesablauf liegen die Gesamt-Abzüge dabei nur zwischen 30 Prozent und 40 Prozent, je nach Einkommen. Die Einkommenssteuer setzt sich aus zwei Teilen zusammen. Es gibt einen Bundesanteil und einen Bundesstaatsanteil, wobei der letztere in manchen Bundesstaaten Null Prozent beträgt (. . .Florida zum Beispiel kennt keine Einkommenssteuer für Privatpersonen).

Stellensuche: Stellenangebote werden von amerikanischen Arbeitgebern gleichberechtigt auf dem Internet und in Tageszeitungen geschaltet. Zusätzlich können Sie aktiv werden, indem Sie passende Firmen etwa aus den Gelben Seiten anrufen oder ganz ohne Termin persönlich vorstellig werden. Doch viele Unternehmen akzeptieren mittlerweile nur noch Erstkontakte per Internet. Sie bewerben sich am Bildschirm und können Ihren Lebenslauf sogar für suchende Firmen in Datenbanken bereithalten. Darüber hinaus können Sie sich über die inserierenden Firmen, ihre Branche, Größe und weitere Ausschreibungen informieren. Alle großen Online-Betreiber bieten ein Vollprogramm um das Thema Stellensuche an.

Sofort-Kontakt: **www.careerspot.com**

Ihre Bewerbung

Die Art und Weise der schriftlichen Bewerbung ist wieder einmal wunderbar unkompliziert. Eine Bewerbung in Amerika besteht zunächst nur aus Anschreiben und Ihrem tabellarischen Lebenslauf (Resume genannt), beides selbstverständlich in englischer, möglichst fehlerfreier Sprache. Keine Zeugnisse, keine Arbeitsproben, nichts weiter ist mitzusenden. Obendrein ist es wie schon gesagt gang und gäbe, diese Bewerbungsunterlagen bei Bedarf und Möglichkeit per email oder Telefax an den Stellenanbieter zu senden. Wenn Sie sich also für diesen schnellen und kostengünstigen Weg entscheiden, so resultiert kein Nachteil für Ihre Bewerbung daraus. Nicht immer melden sich die Arbeitgeber bei Ihnen um abzusagen.

Der Lebenslauf

Der mit Abstand wichtigste Bestandteil einer jeder Bewerbung ist der Resume, der Lebenslauf. Er ist der einfachste Weg, um potentielle Arbeitgeber über Sie und Ihre Fähigkeiten auf knappsten Raum zu informieren. Er ist Ihr Marketingwerkzeug, mit dem Sie Ihre Kenntnisse und Fähigkeiten zum Verkauf anbieten! Dabei stehen Sie möglicherweise im Wettbewerb mit Hunderten anderer Bewerber. Stechen Sie mit Stil hervor! Die üblichen Regeln wie sich kurz und präzise halten und wenig »ich« verwenden gelten hier auch. Auch das Erscheinungsbild ist wichtig wie eh und je. Liefert es doch einen d e n ersten Eindruck über Sie. In den USA werden im allgemeinen vier unterschiedliche Aufbauarten unterschieden. Beispiele dafür finden Sie auf den folgenden Seiten.

Das Anschreiben

...gehört immer dazu. Einzige Ausnahme: Der Arbeitgeber sagt, daß er keines haben möchte. Das kommt vor. In allen anderen Fällen dient es dazu, Sie interessant zu machen. Deshalb sollten Sie durchblicken lassen, daß Ihnen die Firma nicht unbekannt ist, welche Fähigkeiten und Erfahrungen Sie besitzen. Treffen Sie klare und prägnante Aussagen. Wichtige Details gehören in dieses Schreiben, nicht in den Lebenslauf. Der Brief sollte die volle Anschrift der Firma tragen und auf dem selben Papier wie der Resume gedruckt sein (möglichst Laserdrucker), falls Sie per Post verschicken oder der Arbeitgeber eine Hardcopy anfordert. Und wie immer, richtige Grammatik und Rechtschreibung nicht vergessen. Die Gliederung ist immer die gleiche:

Einleitung. Sagen Sie, wer Sie sind und wie Sie auf die Stelle aufmerksam geworden sind. Falls es sich um eine Empfehlung handelt, nennen Sie die Referenz beim Namen.

Zur Sache. Zeigen Sie Interesse an der Firma und an der ausgeschriebenen Stelle. Sie können auch erzählen, was Sie alles unternommen haben, um mehr über die Firma zu erfahren. Gehen Sie auf kürzliche Nachrichten oder sonstiges ein, das mit der Stelle und der Firma in Verbindung steht.

Zusammenfassung. Kurzes Ansprechen der höchsten Ausbildung/Erfahrung und Praxis/Tatsachen, die nicht in den Lebenslauf gehören.

Vorbeugung. Klären Sie eventuelle Mißverständnisse auf, die beim Lesen des Resumes eventuell entstehen könnten, zum Beispiel nicht erklärte Zeitabschnitte. Offenheit wird sehr hoch angesehen.

Abschluß. Beenden Sie Ihren Text mit einer Bemerkung über den nächsten Schritt (sich freuen auf eine Einladung etc.)

MUSTER: Skills-Based Resume

Michaela Mustermann
Sowiesostraße 95
12345 Irgendwostadt
Germany
Phone 01149-69-1234567   (Es dem Arbeitgeber einfach machen, lautet die Devise. 01149
                                ist die US-Vorwahl für Deutschland.)

Objective
To gain firsthand technical medical experience, while applying a varied medical and management
background and pre-medical education.

Medical Experience
Williams College First Responder, Williams College, Williamstown, MA, Sept. 2003 to Dec. 2004

Worked weekly 12-hour call shifts. Answered campus medical emergencies with EMTs. Treated
emergency injuries.

Health Service Worker, Williams College, Sept. 2003 to Dec. 2004

Created and ran AIDS outreach and prevention program. Provided medical transport for patients.
Wrote campuswide informational letters and medical releases for school newspaper. Oversaw office
management.

Dialysis Technician, Crozier-Pajaro Dialysis Unit, Pajaro, PA, July 2004 to Sept. 2004

Responsible for set-up and take-down of dialysis machines. Removed IVs, patched up patients, took
BPs, checked charts and administered medication. Maintained dialysis machines.

Medical Intern, Clark Medical Center, Springfield, MA, Dec. 2003 to March 2004

Worked with doctors to view various aspects of medical care. Aided office administrator in preparation
of medical center reports. Gained exposure to general practitioning, surgery and neighborhood health
clinics.

Other Experience
Sales Associate, Ann Taylor, Chicago, IL, June 2005 to Present

Brought in $500,000 in sales of women's separates. Managed client book services and customer
service issues. Coordinated donations of goods to local homeless charities.

Manager, Finlandia, Middletown, PA, June 2002 to Sept. 2002

Sold $20,000 worth of merchandise at artist's boutique and clothing store.
Managed staff of five. Founded apprentice program for young artists.

Education
Williams College, Bachelor of Arts, Biochemistry, Degree earned in May 2005

Pre-medical degree equivalent with concentrations in biology and chemistry.

Kings College, London, England, Jan. 2003 to June 2003
Completed studies in biology, anatomy and Spanish language.

MUSTER: **Chronological Resume**

Anna Bolika
Cashstraße 66
12345 Dollerdemark
Germany
Phone 10.000.000$

Certification
Certified Public Accountant, Texas

Professional Experience
BigTime Computer Services LTD., Austin, TX
Assistant Treasurer — July 2005 to Present

Manage corporate case of $35 million to $50 million in various tier-one investment facilities, including commercial paper, repurchase agreements, Eurodollars and collaterialized mortgage obligations.Assist in negotiating covenants, closing and syndicating a $90 million credit facility. Also responsible for amending loan facilities and covenants, setting up letters of credit and co-managing the corporate banking relationships with eight lending institutions. Responsible for negotiating bank fees, approving wire transfers and setting interest rates on loans.

Accountant, Corporate Acquisition Team — June 2004 to July 2005
Evaluated potential acquisition candidates, drafted confidentiality agreements, wrote letters of intent and managed the financial due diligence for acquisition target companies. Prepared financial acquisition models, financial turnaround and shutdown strategies. Wrote and presented Board of Directors' approval packages and reviewed definitive acquisition agreements.

Senior Financial Analyst — July 2002 to June 2004
Completed due diligence on acquisition candidates, prepared financial acquisition models and financial business plans. Prepared internal financial models and assisted with closing bank credit facilities and setting loan covenants. Researched, composed and issued the company's quarterly letter to shareholders, with complete financial statement analysis. Led fraud prevention team, implemented procedures to prevent check fraud, and coordinated team, including local and federal authorities, to arrest check fraud criminals.

Hughes & Springer, Dallas, TX, Audit Senior Associate — June 2000 to July 2002

Audited accounts and procedures for oil, gas, manufacturing and banking industries.
Managed audits for private and public companies. Coordinated overall engagement administration, including planning and supervising fieldwork, preparing and reviewing financial statements and ensuring the profitability of the engagement. Supervised bank closing teams for RTC projects and researched various accounting issues. Instructed staff training courses. Member of the firm's college recruiting team.

Audit Associate — Sept. 1998 to June 2000
Audited accounts for the oil and gas industries.

Education

University of Texas at Austin, Austin, TX
Bachelor of Business Administration, Accounting; degree earned Aug. 1998

MUSTER: **Begleitschreiben**

Capt.
James T. Kirk
Starship Enterprise, Command Chair
Starfleet Federation Quadrant 21.256.3
HyperspacePhone USS10000100110110101010001010 (sauteuer!)

May 29, 2008, or whatever date on Earth now is.

Paul Smith
Director of Human Resources
Saint Joseph Hospital
1212 N. Seville St., 10th Floor
Springfield, CA 60661

Dear Mr. Smith:

Enclosed is a copy of my resume in response to your advertisement for a purchasing manager in the May 29 Middletown Gazette.

With more than 15 years of experience in health care purchasing and a proven record of accomplishments, I believe I am qualified for this position.

In the past two years, as the Assistant Director of Purchasing at Brodsky Memorial Hospital, I have honed my communications and teamwork skills. In that position, I have helped develop hospital-wide policy and procedures for supply procurement, capital equipment and service agreement purchasing. I also am responsible for a staff of 20, and have worked with several key departments in the hospital. My experience includes:

     Purchasing, receiving, inventory control and distribution
     Contract negotiations, supplies and equipment
     Logistics, patient and equipment transportation
     Capital equipment evaluation and purchasing
     Expertise in computerized management of materials, spreadsheets, databases, word processing and other projects
     Maintenance agreement analysis and purchasing
     Health care materials management and systems consulting

I look forward to discussing my background and accomplishments with you and learning more about your needs. I will call next week to arrange a time to meet.
I can be contacted during the day at (209) 555-1244, or you may leave a message with my answering service at (209) 555-5285.

Thank you for your consideration.

Sincerely,

James T. Kirk

MUSTER: Dankeschön-Brief

Gerhard Schröder
Sackgasse No. 1a
0000 Nizwissenmachtnix
Tel: An der Datenautobahn

Ms. Monica Lewinsky
Employment Specialist
XYZ Company
618 N. Grand
Tustin, IL 60643

January 31, 2009

Dear Ms. Lewinsky:

It was a pleasure to meet with you Monday morning. You gave me a good understanding of the Marketing Executive position and I enjoyed our discussion. I believe I can apply my background in the bottling industry and in sales to help you achieve your goal of increasing XYZ's penetration in the East Coast market.

Over the past 10 years, I have honed my selling skills to produce solid sales figures for my employers. My ability to identify potential buyers, consolidate information from multiple sources and form strategies has proven successful in discovering untapped customers and convincing them to buy. I'd like to put my experience and skills to work for you.

I am truly interested in and feel well qualified for your Marketing Executive position. It is just the kind of challenging opportunity I have been seeking, and I hope we can meet again soon for further discussion. I can be reached during the daytime at (444) 555-2465.

Thank you again for your time and interest.

Best regards,
Yours Gerhard

Das Bewerbungsgespräch

Mit voranschreitender Zeit und etwas Glück werden Sie zu einem Vorstellungsgespräch, dem sogenannten interview, gebeten. Die Firma möchte nach einer ersten Vorsortierung sehen, ob Sie dazu »passen« und Sie möchten herausfinden, ob die Firma Ihnen »paßt«. Die Einladung zum Bewerbungsgespräch erfolgt oft unkompliziert durchs Telefon. Gute Vorbereitung heißt der Schlüssel zum Beeindrucken des Arbeitgebers. Je mehr Hintergrundwissen Sie beim Gespräch besitzen, desto besser. Die interviews laufen oft nach dem gleichen Schema ab: Zunächst beantworten Sie die Fragen nach Ausbildung und Erfahrung, danach stellen Sie Fragen über die Stelle. Seien Sie also vorbereitet. Und weil die Arbeitgeber wissen daß Sie das wissen, sollten Sie wenigstens Ihren Werdegang in einigermaßen flüssigen Englisch erzählen können. Vor Beginn des Gespräches werden Sie oft gebeten, einen Personalfragebogen auszufüllen.

Denken Sie an die ersten 60 Sekunden des wichtigen ersten Eindruckes. Die Grundregeln wie pünktlich sein, ein fester Händedruck, in die Augen schauen und Lächeln sind fast überall auf der Welt die gleichen. Aus Sicht Ihres Gesprächspartners gibt es nur ein Ziel. Nämlich herauszufinden, ob und wie gerade Sie der Firma helfen können. Denken Sie bei allen Ihren Antworten UND Fragen daran. Wenn Sie dann an der Reihe sind, dürfte es taktisch nicht besonders klug sein, mit der Frage nach dem Gehalt zu beginnen. Stellen Sie besser Fragen nach Hierarchien und zu detaillierten Aufgaben. Und vergessen Sie nicht, sich für die Einladung und die Zeit zu bedanken. Wenn der Arbeitgeber an Ihnen interessiert ist, wird er Ihnen ein Angebot unterbreiten UND erwarten, daß Sie es verhandeln. Dieses Angebot kann im Gespräch oder auch durchaus erst einige Tage später kommen.

<u>Tips zum Verhalten im Bewerbungsgespräch</u>

- Vermeiden Sie es möglichst, den vorgeschlagenen Termin zu ändern. Das würde eventuell als nicht ausreichendes Interesse an der Stellung ausgelegt.
- Übertreiben Sie nicht mit Ihrer Kleidung am Vorstellungstag. Ein durchschnittlich gut bekleideter Mitteleuropäer liegt an vielen Orten der Welt bereits an der Grenze zu „overdressed". Das gilt sowohl für Damen als auch für Herren.
- Je besser Sie englisch sprechen, um so vorteilhafter für Sie.
- Bedrängen Sie den Arbeitgeber nicht mit unangenehmen Fragen oder zunächst ungewöhnlichen Forderungen. Der Personalbearbeiter oder Firmeninhaber hat eine große Auswahl an Bewerbern und fühlt sich sofort unwohl bei Streß, Hektik etc.
- Überall zählt fast ausschließlich Ihre Leistung, und fast gar nichts Ihre Ausbildung. Sie werden mit einem Argument wie »...aber ich bin doch studierte Dipl.-Mathematikerin« weder einen Arbeitsplatz bekommen noch, falls Sie schon einen haben, ein höheres Gehalt durchsetzen.

Einige große private Arbeitgeber in den USA

Die folgende Auflistung zeigt Firmen, die nach Arbeitsplätzen zu den Großen in den USA und im Süden der USA gehören. Jeder Eintrag enthält die vollständige Anschrift des Firmenhauptsitzes, die Telefonnummer und die Branche.

- **Barnett Banks**, Inc., 50 North Laura Street, Jacksonville, Florida 32202, (904) 791-7720, Bank/Finanzdienste
- **Walt Disney World Co.**, P. O. Box 10000, Lake Buena Vista, Florida 32830, (407) 824-2222, Unterhaltung
- **K Mart Corporation**, 3100 West Big Beaver Road, Troy, Michigan 48084, (810) 643-1000, Einzelhandelskette
- **Publix Super Markets, Inc.**, Post Office Box 407, Lakeland, Florida 33802, (813) 688-1188, Einzelhandelskette
- **Sears, Roebuck and Co.**, Sears Tower, Chicago, Illinois 60684
- (312) 875-2500, Einzelhandelskette/Finanzdienste
- **Southern Bell Telephone & Telegraph Co.**, 675 West Peachtree Street, Northeast, Atlanta, Georgia 30375 (404) 529-8611, Gruppe A, Telekommunikation
- **Wal-Mart Stores, Inc.**, 702 Southwest 8th Street, Bentonville, Arkansas 72716, (501) 273-4000, Einzelhandelskette
- **Winn-Dixie Stores, Inc.**, 5050 Edgewood Court, Jacksonville, Florida 32203, (904) 783-5000, Einzelhandelskette
- **American Telephone & Telegraph Co.**, 32 Avenue of the Americas, New York, New York 10013, (212) 841-4600, Telekommunikation
- **Burdines, Inc.**, Federated Department Stores, 22 East Flagler Street, Miami, Florida 33131, (305) 835-5151, Einzelhandelskette
- **Florida Power & Light Co.**, Post Office Box 14000, Juno Beach, Florida 33408, (407) 694-4000, Energie
- **United Parcel Service of America, Inc.**, 400 Perimeter Center-Terrace N., Atlanta, Georgia 30346, (404) 913-6000, Servicedienste
- **Albertson's, Inc.**, 250 Parkcenter Boulevard, Boise, Idaho 83726(208) 385-6200, Einzelhandelskette
- **American Airlines, Inc.**, Post Office Box 619616, Dallas/Ft. Worth Airport, Texas 75261, (817) 936-1234, Fluggesellschaft
- **Anheuser-Busch Companies, Inc.**, One Busch Place, St. Louis, Missouri 63118, (314) 577-2000, Brauerei, Unterhaltung
- **Harris Corporation**, 1025 West NASA Boulevard, Melbourne, Florida 32919, (407) 727-9100, Electronik
- **The Home Depot, Inc.**, 2727 Paces Ferry Road, N.W., Atlanta, Georgia 30339, (404) 433-8211, Baumarktkette
- **Martin Marietta Corporation**, 6801 Rockledge Drive, Bethesda, Maryland 20817, (301) 897-6000, Luftfahrttechnik, Electronik
- **J.C. Penney Company, Inc.**, 14841 North Dallas Parkway, Dallas, Texas 75240, (214) 591-1000, Einzelhandelskette
- **Walgreen Co.**, 200 Wilmont Road, Deerfield, Illinois 60015, (708) 940-2500, Einzelhandelskette
- **American Express Company**, American Express Tower, World Financial Center, New York, New York 10285, (212) 640-2000, Finanzdienste
- **Blue Cross/Blue Shield of Florida, Inc.**, 532 Riverside Avenue, Jacksonville, Florida 32202, (904) 791-6111, Gesundheitswesen
- **Target Stores**, Dayton Hudson Corporation, 33 South 6th Street, Minneapolis, Minnesota 55402, (612) 370-6073, Einzelhandelskette
- **United Technologies Corporation**, United Technologies Building, Hartford, Connecticut 06101, (203) 728-7000, Luftfahrttechnik

SELBSTÄNDIG IN DEN USA

An wenigen anderen Orten dieser Welt ist der Weg in die Selbständigkeit verwaltungstechnisch unproblematischer als in den USA. Als freiheitsliebendes Volk zieht fast jeder Amerikaner die selbständige Tätigkeit einer angestellten vor. Tatsächlich gibt es einen weit größeren Anteil von Kleingewerbetreibenden an der Gesamtbevölkerung als in Deutschland. So ist zum Beispiel ein Meisterbrief unbekannt und damit auch nicht erforderlich. Einer selbständigen Tätigkeit als z. B. Plumber (engl. für Installateur) kann im Prinzip jedermann nachgehen, der Lust dazu hat und sich befähigt glaubt. Nur der Markt entscheidet. Die finanzielle Situation der kleineren Selbstständigen ist allerdings nicht immer überragend und die Randbedingungen wie etwa Arbeitszeiten und soziale Absicherungen können hart sein. Der Wettbewerb ist in vielen Marktbereichen stark. Der Staat hat seine Aufsichts- und Kontrollfunktion auf ein Mindestmaß beschränkt und vergleichende Werbung ist an der Tagesordnung.

Rechtsformen

Grundsätzlich bestehen die gleichen Möglichkeiten wie in Europa, bei voller Gewerbefreiheit. Im Vergleich zu Deutschland herrscht wesentlich erweiterte Gewerbefreiheit, da Sie zum Beispiel einen Meisterbrief für die Eröffnung Ihres eigenen Handwerksbetriebes nicht benötigen. Auch eine Mindestkapital-höhe zur Firmengründung ist unbekannt. Allerdings werden zur Ausübung bestimmter Berufe besondere Genehmigungen gefordert, die erst nach Zusatzprüfungen ausgegeben werden. Zu diesen besonderen Berufsgruppen gehören Mediziner jeder Fachrichtung ebenso wie Elektriker oder Bauingenieure.

Für Einzelfirmen: Ein **Fictitious name** ist jede Bezeichnung, die nicht der gesetzliche Name einer Person ist. Die Registrierung ist notwendig, falls Sie als Einzelfirma nicht Ihren Namen benutzen wollen, sondern etwa „Doro's Donuts" oder ähnlich. Im Unterschied zur Corporation dient der fiktive Name ausschließlich Registraturzwecken, ist nicht geschützt und kann mehr-fach vergeben werden.

Für Gesellschaften: Eine **corporation** bezeichnet eine legale »Einheit« auf Aktien, die durch die administrative Gewalt (Staat) eingetragen und genehmigt ist und über alle Rechte und Pflichten einer natürlichen Person verfügt (damit ist natürlich das Wirtschaftsleben gemeint: Wählen gehen darf Ihre Müller, Inc. nicht).

Eine **For profit corporation** ist eine corporation, die für die Durchführung von Geschäften im weitesten Sinne eingerichtet ist.

Eine **Foreign corporation** ist eine corporation, die von einer ausländischen (hier sind die anderen 49 Staaten der USA gemeint!) administrativen Gewalt eingetragen und genehmigt wurde, um Geschäfte durchzuführen.

Eine **Alien corporation** ist eine corporation, die von einem ausländischen administrativen Rechtskörper eingetragen und genehmigt ist, die nicht zu den USA oder ihrer Kolonien gehört.

Eine **General Partnership** ist eine Gesellschaft von 2 oder mehr gleichberechtigten Personen, um Geschäfte mit dem Zweck der Gewinnerzielung durchzuführen. Alle beteiligten Personen haften unbeschränkt mit ihrem Privatvermögen und besitzen gleichverteilte Stimmrechte. Limited Partnership ist ebenfalls möglich.

Eine **Limited liability company** (LLC) ist eine vermischte Form von Teilen einer corporation, kombiniert mit den Steuerverpflichtungen einer partnership. Sie entspricht, ungefähr , unserer GmbH.

Nicht-gewinnorientierte Gesellschaften: Eine **Not for profit corporation** ist eine corporation, die für religiöse oder soziale Zwecke eingerichtet ist. Sie darf Gewinne machen, muß diese aber für anerkannte soziale oder religiöse Zwecke verwenden.

Produktschutz: Ein **Trademark** oder **Service Mark** ist ein Namens- oder Logorecht, das eine natürliche oder juristische Person besitzt, um ein bestimmtes Produkt oder einen bestimmten Service eindeutig zu identifizieren. Es wird ein hoher Anteil an Kreativität und Originalität verlangt, um ein solches Markenzeichen zu erhalten.

> **Tip:**
>
> Die Einrichtung einer Corporation kann einen steuerlichen Nachteil haben, der darin besteht, daß der Firmengewinn zweimal versteuert werden muß: Einmal von der Firma, ein zweites Mal von Ihnen, dem Firmeninhaber. Das ist nicht besonders schön, auch wenn der Steuersatz niedriger liegt als gewohnt. Um dieses Ungeschick zu vermeiden, gibt es die S-Corporation. Dieser Status wird jedoch **nicht** von der Division of Corporations, sondern vom Finanzministerium IRS ausgegeben - und zwar, nachdem eine corporation eingerichtet wurde. Dieser Status hat ausserdem den großen Vorteil, das Verluste im ersten Firmenjahr vom anderem Einkommen der Shareholder oder Besitzer abgezogen werden dürfen. Klingt das gut ? Deswegen hier gleich der Nachteil: Nur Amerikaner oder GreenCard Besitzer – kurz, Legal Residents - dürfen shareholder einer solchen S-corporation ein.

Selbstverständlich gibt es weiterhin die verschiedensten Formen von Trusts, steuerbefreiten oder steuerbefreienden Vereinen usw. Über diese Fälle kann dieser Ratgeber aus offensichtlichen Gründen nicht umfassend und schon gar nicht individuell informieren. Bitte setzen Sie sich mit einen Anwalt oder geprüften Buchhalter Ihrer Wahl in Verbindung.

Ihre Firma eintragen

Wie schon erwähnt ist in den meisten Eintragungsfällen die *Division of Corporations*, eine Abteilung des jeweiligen State Departments (Innenministerium) zuständig. Diese Regierungsstellen sind stark im Internet vertreten und behandelt die über das Internet eingehenden Aufträge meist bevorzugt gegenüber der »normalen« Post. Kontakte und Anfragen in Florida beispielsweise stellen Sie her unter:

Sofort-Kontakt: **www.dos.state.fl.us**

Dort auf den Link „Division of corporations" klicken. Für snail mail finden Sie die Anschrift im Anhang. Eine schöne Einrichtung ist der »Government Info Locator«, eine Computerhilfe, die Ihnen hilft, viele behördlichen Rechner (der gesamten USA) schnell ausfindig zu machen. Sie finden ihn auf der gleichen Website unter dem Link „Government Info Locator", unten auf der Seite.

Florida-Gebühren für Firmeneintragungen
(Fettgedruckte Positionen sind Mindestanforderungen für eine Eintragung)

FICTIOUS NAMES	
Registration	$ 50,00
Cancellation	$ 50,00
Renewal	$ 50,00
PROFIT und NON-PROFIT CORPORATIONS	
Filing Fees	$ 35,00
Registered Agent Designation	$ 35,00
Amendment of any record	$ 35,00
Profit Annual Report	$ 150,00
TRADEMARKS	
Trade & service Marks	$ 87,50
Trade & Service Mark assignment	$ 50,00
Trade & Service Mark renewals	$ 87,50

Ebenfalls im positiven Sinn bemerkenswert – wenn man als staatskonditionierter Europäer darüber nachdenkt, sogar unglaublich: Die oben genannten Registriergebühren, ohnehin schon sehr gering, sind – *unverändert* seit mindestens 8 Jahren !

5. Save your dream - Geldfragen

Jede Einreise beginnt mit Einfuhr- und Zollbestimmungen. Da gibts für den privaten Bereich gar nicht so viel zu sagen. Es existieren eine Unzahl von Vorschriften und Regelungen, die aber alle nur Sonderfälle behandeln. Grundsätzlich gilt: alle personel effects, das ist Ihr persönlicher Haushalts-Besitz, der nicht zum Verkauf bestimmt ist und sich seit mindestens einem Jahr in Ihrem Besitz befindet, ist von jedem Einfuhrzoll befreit. In konkreten Einzelfällen, zum Beispiel wenn der Customs Officer durch besonders hohe Werte etwas mißtrauisch geworden ist, kann er einen Nachweis fordern, daß kein Verkauf etc. beabsichtigt ist. Doch auch wenn Ihnen dieser Nachweis nicht gelingt, beträgt die Steuer oft »nur« 2 %. Falls Sie sich aus irgendwelchen Gründen nicht um Ihr Zollgut kümmern, wird mit dem Ablauf von 6 Monaten die Ware auf öffentlichen Zollversteigerungen verkauft. Nach meiner persönlichen Erfahrung ist der Umgang mit den Zollbeamten sehr freund-schaftlicher, oft sogar von handelbarer Natur, wenn Sie sich ein bißchen unbürokratisch und »cool« geben. Falls Sie sich selbst ein Paket schicken oder per Post ausländische Produkte an Ihre amerikanische Anschrift gesendet werden, so legt der US Customs den zu erhebenden Zoll fest und beauftragt die Poststelle, den Betrag einzuziehen. Es geht also sehr einfach, solange Sie damit einverstanden sind. Wenn Sie nicht einverstanden sind, können Sie direkt im Postamt einen Widerspruch schriftlich hinterlassen, den die Post an den Zollbeamten weiterleitet. Innerhalb von fünf Tagen muß eine Erklärung vorliegen.

Wichtig ist, daß Sie am point of entry, das ist die Stelle, an der Sie offiziell den Boden der USA betreten, nicht gegen die Vorschriften verstoßen. Auf Tiere, verderbliche Lebensmittel etc. reagieren die Grenzer allergisch. Holen Sie bitte vorher genaue Erkundigungen ein. Für die Einfuhr von . . . gilt:

Bargeld (und Schecks, Tafelpapiere etc.): No Limit. Weder rein noch raus. Allerdings - wenn der Betrag $10000 überschreitet, ist eine Anmeldung erfor-derlich (Customs Form 4790). **Haustieren:** Allgemein strenge Kontrollen. Katzen: Dürfen keine Anzeichen von Krankheiten aufweisen. Falls doch, kann der Officer direkt an der Grenze einen Tierarzt beauftragen, auf Ihre Kosten eine Untersuchung durchzuführen. Hunde: dito. Vögel: dito, Quarantäne auf Ihre Kosten kann angeordnet werden. Und noch eine Wort-für-Wort-Übersetzung aus den US-Customs Richtlinien: »Nicht menschliche Primaten und ähnliche dürfen nicht eingeführt werden«. **Lebensmittel:** Besser nicht, es sei denn, in Konservendosen. **Kraftfahrzeuge:** müssen den Standards der Environmental Protection Agency (EPA) hinsichtlich der Abgase and denen des Department of Transportation (DOT) hinsichtlich der Sicherheit entsprechen. Weitere Informationen zur Einfuhr von Kraftfahrzeugen bei: Department of Transportation, Office of Vehicle Safety Compliance (NEF 32), Washington, D.C. 20590.

BANKWESEN UND ZAHLUNGSVERKEHR

Trotzdem in der jüngeren Vergangenheit einige bekannte Namen auf dem Bankenmarkt verschwunden oder in anderen Instituten aufgegangen sind, existiert in den USA ein gut ausgebautes Bankensystem, und der Wettbewerb funktioniert. Bezeichnungen und Service unterscheiden sich teils von den bekannten in Europa. Obwohl man durchaus vermuten kann, daß sich die Verhältnisse und Ansichten demnächst vielleicht etwas ändern: Verrückt nach deutschen Maßstäben ist immer noch - die beste Bonität in Amerika genießt nicht etwa derjenige, der immer schön brav bar bezahlt, ein Haus und ein Sparkonto besitzt und nie Schulden hatte. Als solcher Mensch werden Sie ein paar (nicht unüberwindliche) Probleme bekommen, überhaupt einen Kredit zu erhalten. Die beste Bonität genießen in den USA vielmehr Menschen, die möglichst viele Kredite immer schön pünktlich oder sogar überpünktlich rückgezahlt haben. Daran messen die Geldgeber Ihre Zuverlässigkeit und Ihre Bonität. Aber wie gesagt, das könnte sich in der Zukunft ändern. Ergänzt oder überhaupt erst eingeführt wurden in der Folge von 9/11 viele Kontrollmechanismen am Finanzmarkt. So ist nun etwa ab der Bewegung von $3.000 in bar die Vorlage von Identitätspapieren erforderlich.

Das Zahlungssystem des Landes ist mehr als in Deutschland auf Scheckzahlung und electronic cash, also dem Bezahlen an der Kasse mit Magnetstreifen-Karte und/oder Kreditkarte eingerichtet. Überweisungen sind bei Inland-Zahlungen immer noch eher selten und ein größerer bürokratischer Akt. Im allgemeinen unterscheidet man hauptsächlich zwischen zwei Kontenarten. Natürlich gibt es viel mehr als diese zwei im Vielfaltsland USA, doch dabei handelt es sich fast immer um Ableger der nun beschriebenen:

Das savings account: ist ein Sparkonto mit erweiterten Funktionen, so daß es als Girokonto-light genutzt werden kann. Es werden Guthabenzinsen gezahlt und Sie erhalten eine Konto-Karte, die Zugriff auf Ihr Konto gestattet. Die Kontoeröffnung ist auch für Ausländer möglich und dauert oft nur ein paar Minuten inklusive der Ausstellung der Magnetkarte. Viele Institute bieten dieses Konto kostenlos an, solange ein geringes Mindestguthaben nicht unterschritten wird.

Ganz gleich, mit welchem Status und Ziel Sie in die USA einreisen, mindestens eines dieser Konten sollten Sie sich einrichten. Sie erhalten dann Zinsen auf Ihre Reisemittel, können am bequemen elektronischen

Zahlungsverkehr teilnehmen und haben sich des Verlustrisikos entledigt. Geben Sie bei Kontoeröffnung unbedingt Ihren Besuchsstatus an, auch wenn es ein Langzeitbesuch sein sollte. Dann wird nämlich keine Zinssteuer einbehalten. Für Einwohner ist die Zinssteuer obligatorisch, allerdings kann der Abzug beim Lohnsteuerjahresausgleich geltend gemacht werden. Die gezahlten Zinsen auf das Guthaben sind bei den meisten größeren Instituten allerdings nur marginal.

Das cheque account: ist ein Konto, für das Sie wie der Name schon sagt zusätzlich zu den savings account Möglichkeiten ein Scheckbuch erhalten. Nicht immer gibt es eine Guthabenverzinsung. Man benötigt dieses Konto im alltäglichen Leben etwa für Zahlungen der Strom-, Telefon-, Autoreparatur- usw. Rechnungen. Wie schon erwähnt, wird die Überweisung erst langsam in den Markt eingeführt. Deshalb ist die gesamte US-Wirtschaft darauf eingestellt, Scheckzahlungen per Post, oder per persönlicher Übergabe, zu empfangen. Die Konditionen für diese Konten sind sehr unterschiedlich, manchmal mit, manchmal ohne monatliche Grundgebühr. Obwohl dieses Konto ebenfalls für Besucher eingerichtet wird – das erste Scheckbuch können Sie zum Eröffnungstermin gleich mitnehmen – ist es meines Erachtens für Reisende nicht unbedingt erforderlich.

ZAHLUNGSVERKEHR-BEZEICHNUNGEN

ATM-Card: An den sogenannten ATM's (automatic teller machine), Geldautomaten, können mit einer zum Konto gehörenden Plastikkarte plus Geheimzahl (PIN) Auszahlungen <u>und</u> Einzahlungen getätigt werden, Schecks eingereicht werden, der Kontostand kann ausgedruckt werden und Mitteilungen an die Bank können übermittelt werden. Darüber hinaus sind Supermärkte, Tankstellen, Kinos und viele weitere Geschäfte mit Lesevorrichtungen ausgestattet, so daß Sie wirklich ohne Bargeld durch den Tag kommen. Diese Konto-Karten sind kein internationales Zahlungsmittel, sie funktionieren nur innerhalb der USA. Internationale Kreditkarten werden überall akzeptiert und nach *Credit-* und *Debit-Card* unterschieden.

Banquecheque: Da normale Verrechnungsschecks für die Bezahlung von höherwertigen Gütern wie zum Beispiel eines Gebrauchtwagens nicht akzeptiert werden, kennt man unter anderem den sogenannten Bankcheque. Dieser ist durch die ausstellende Bank garantiert und nicht personenbezogen. Also so gut und risikobehaftet wie Bargeld. Jede Bank stellt Ihnen einen über jeden beliebigen Betrag aus. Als unbekannter Kunde müssen Sie sofort den Gegenwert zuzüglich einer geringen Ausstellungsgebühr bezahlen. Bekannte und solvente Kunden erhalten auf Wunsch ein entsprechendes Scheckbuch.

Branch: Heißt einfach Zweigstelle. Die Branch Location informiert als Broschüre oder auf dem Internetbildschirm über die genaue Lage der Zweigstellen.

Broker account: Aus dem Boden geschossen sind Internetaccounts, mit denen es möglich ist, in Echtzeit direkt an den Börsen Aktien zu kaufen und zu verkaufen. Angebote gibts sowohl bei den typischen Banken als auch bei den Brokerhäusern. Manche Anbieter offerieren ein Allroundkonto mit Kontoführung, CreditCard, Guthabenzinsen etc. Mit jedem Internet-Brokeraccount können Sie Ihr Depot von überall auf der Erde verwalten, Limits setzen, Stop Orders anlegen, verkaufen etc.

CD (Certificates of Deposit): Diese Kontoart ist das Adäquat zum bekannten Festgeldkonto. Es werden eine Unzahl an verschiedenen Laufzeiten, verschiedenen Beträgen und verschiedenen Zinssätzen angeboten. Ihre Einlage ist bis $100.000 voll abgesichert („FDIC insured")

Deposit: Einzahlung. **Direct Deposit:** Dauerauftrag.

FDIC-Insured: Das ist der amerikanische Einlagensicherungsfonds. In der Regel sind Einlagen bis zu $100.000 abgesichert. Falls diese Versicherung für ein Konto nicht zutrifft, muß dieser Fakt ausdrücklich offengelegt werden. Das gilt für alle Institute und für alle Kontenarten.

Moneymarket Account: ist ein Anlagekonto ähnlich zum oben genannten CD. Im Unterschied zu diesem können Sie innerhalb der Laufzeit in Grenzen über Ihr Guthaben verfügen und erhalten eventuell einen etwas höheren Zinssatz. Aber - die Einlage ist oft nicht versichert. Das heißt nun nicht, daß das Risiko des Verlustes hoch ist. Aber man sollte es wissen.

Moneyorder: Diese bargeldlose Zahlung ist dem Banque cheque ähnlich, außer daß Sie eine Moneyorder fast überall erwerben können. Zusätzlich zu Ihrer Bank verkaufen Ihnen auch Fremdbanken, Poststellen, Supermärkte etc. diese bequemen und sicheren Zahlungsmittel. Sie geben einfach den Betrag an und müssen diesen zuzüglich ca. $1 Gebühr sofort bezahlen. Der Vorteil liegt darin, daß die Schecks nur vom eingetragenen Empfänger gecasht werden können und daß Sie über den vollen Betrag versichert sind. Einige Aussteller limitieren den Gegenwert im Bereich von einigen Hunderten bis wenige Tausende Dollar. Sie erhalten eine Art Scheck mit dem aufgedruckten Wert, füllen selbst Empfänger und Absender aus und schicken dieses Stück Papier an dem Rechnungssteller. Eine Kopie verbleibt bei Ihnen. Quasi jeder akzeptiert money orders.

Mutual Fund: Anlagefonds. Falls Sie etwas Geld anlegen möchten und sich die Auswahl der Wertpapiere nicht selbst zutrauen, sind Mutual Funds eventuell etwas für Sie. Mutual Funds kann man ebenfalls über Brokeraccounts kaufen.

Wireless Money Transfer: Auslandsüberweisung. Geht sehr schnell, ganz anders als gewohnt. Ist aber auch sehr teuer. Unter $30 kommen Sie wahrscheinlich nicht weg. Übrigens berechnen fast alle Banken auch Gebühren bei einkommenden Überweisungen, ab $20.

Withdrawal: Auszahlung, Abhebung

STEUERN UND GEBÜHREN

Bis heute werden beabsichtigte Steuererhöhungen in den Tageszeitungen veröffentlicht, samt genauer Spezifizierung, wie, wann und wofür (!) die zusätzlichen Steuergelder eingesetzt werden sollen – mit der Aufforderung an die Bürger, am Hearing zu diesen Vorschlägen (!) teilzunehmen. Dieses Vorgehen kann ohne rot zu werden ein demokratisches genannt werden.

Einkommenssteuer für natürliche Personen: Die Florida-Verfassung verbietet ausdrücklich eine persönliche Einkommenssteuer. Deshalb gibt es keine. Doch verwechseln Sie das bitte nicht mit der Federal income tax, der Bundeseinkommenssteuer. Die wird in jedem Fall fällig. Die Standard-Freibeträge lauten derzeit (2008) für Singles US$ 5.350, und für Families (ein Einkommen): US$ 7.850. Diese Beträge dürfen Sie also vor der Versteuerung Ihres Einkommens auf jeden Fall abziehen. Erst vom verbleibenden Rest wird die Steuer berechnet, und die beträgt dann beispielsweise:

U.S. FEDERAL INCOME TAX

Stand 2008
Alle Beträge in US$ und gerundet

versteuerbares Einkommen	Single	Family
$ 30.000	$ 4.100	$ 3.940
$ 50.000	$ 8.900	$ 7.700
$100.000	$22.100	$20.200

Einkommenssteuer für juristische Personen: Der Steuersatz der state corporate income tax rate beträgt 5,5 % (2008), basierend auf dem nach Bundesgesetzen ermittelten Gewinn. S-Corporations und Non-profit Organizations bezahlen keine Steuer, müssen aber trotzdem jährlich ihre Finanzen offenlegen. Partnerships und private Trusts fallen nicht unter die Einkommensteuerpflicht dieser Kategorie. Auch hier gibt es die Bundeseinkommenssteuer, deren Erläuterung allerdings ein Buch füllen würde.

Mehrwertsteuer: In vielen Bundesstaaten wird Mehrwertsteuer, die sogenannte sales tax erhoben. Diese beträgt etwa in Florida zur Zeit 6 Prozent auf die meisten Verkäufe an Endverbraucher. Ja genau: 19 Prozent ist mehr als dreimal soviel wie 6 Prozent. Rund 75 Prozent der Staatseinnahmen werden durch die Sales tax erzielt. Im Unterschied zur europäischen Methode des Verschleierns der Steuer per Gesetz enthalten die Preisauszeichnungen in den Geschäften nie die Sales tax (Ausnahme: Kraftstoffe). So bleibt dem Verbraucher immer schön bewußt, wie oft welcher Teil seines Geldes an den Staat geht. Auch die Bürokratie, Beamtenstellen und Papier züchtende Methode des Vorsteuerabzuges (erstmal Mehrwertsteuer sowohl bezahlen als auch selbst welche berechnen, dann umständlich die eingenommene wieder mit der selbst bezahlten verrechnen, das ganze in offizielle Papierbogen eintragen, dann vom Finanzamt prüfen und kontrollieren lassen usw. usw.) ist in den meisten US-Bundesstaaten indiskutabel: Firmen bezahlen bei Einkäufen keine Mehrwertsteuer und berechnen auch keine weiter, soweit die Ware nicht an Endkunden geht. Einfach.

Wie des öfteren, wird auch diese Steuer zu unkonventionellen Methoden herangezogen. Wenn es dem Staat gut geht und er es sich leisten kann, dann gibt es schon mal Steuerurlaub für alle. So wird zum Beispiel in Florida nahezu regelmäßig die Sales tax vor dem Schulbeginn für eine Einkaufswoche staatsweit einfach ausgesetzt, damit Familien den Großeinkauf für das bevorstehende neue Schuljahr günstiger erhalten! Bitte lesen Sie hier nicht einfach drüber – sondern versuchen Sie sich einmal vorzustellen, welche riesigen Mentalitätsunterschiede dahinter stecken. Und was für jahrelange Diskussionen in anderen Staaten ausgelöst würden - falls so ein Vorschlag jemals aufkäme.

Immobiliensteuer: Diese ist häufig eine der größten Einnahmequellen der jeweiligen Counties (Landkreise). So kennt Florida zum Beispiel keine vom Staat erhobene Grundsteuer. Jeder Landkreis und auch jede Stadt darf eine Immobiliensteuer nach eigenem Gusto festsetzen. Diese Einnahmen sind neben der staatsweiten Mehrwertsteuer die Haupteinnahmequelle des Staates bzw. der Kommunen. Ein und dasselbe Haus kann je nach Standort mit einer stark unterschiedlichen Jahressteuer belastet sein. Die Steuerhöhe berechnet sich nach dem Kaufpreis des Hauses. Nach Verfassungsgrundsatz dürfen dabei die ersten $25000 als HOMESTEAD EXEMPTION nicht versteuert werden, falls der Besitzer selbst darin wohnt. Überhaupt keine Immobiliensteuer bezahlen verwitwete, und behinderte Menschen.

TIP:

Daten, Daten, Daten: Sie können sich nicht vorstellen, welche Unzahl an Daten und Statistiken in Amerika frei verfügbar sind - wenn man sie einmal gefunden hat. Falls Sie mehr Zahlen benötigen, dann finden Sie ein sehr ausreichendes Angebot unter anderem bei der mit "Statistisches Bundesamt" nur unzureichend übersetzten US-Behörde:

Sofort-Kontakt: **www.census.gov**

Hier sind wir nun am Schluß dieses Ratgebers angekommen. Für Sie war es hoffentlich eine interessante kleine Reise in eine vielleicht noch unbekannte Welt. Ich wünsche Ihnen von ganzem Herzen Alles Gute für Sie und Ihre Pläne, wie immer sie auch ausschauen mögen.

Ihr Antonio Elster

Unsere Bestseller und Neuheiten

ALLEIN GELASSEN ?
DIE EXLIEBE WIEDERGEWINNEN.

Wenn die Liebe zur Tür hinaus ist und alles nach lebenslangem Novemberwetter ausschaut, dann regiert die Sehnsucht pur: So schön wäre es, wieder von ihm/ihr in den Arm genommen zu werden. Dieser Ratgeber enthält eine ausführliche Schritt-für-Schritt Anleitung für Ihren möglichen Anfang vom Happy-End: Leicht verständlich sind mehrere Psychologieprinzipien zusammengefaßt, um Ihrer Ex-Liebe das „Ex" sanft aus der Hand zu nehmen. *4. Auflage 2010* · 12 x 19 cm · Euro 7,90 · ISBN 978-3-8311-1825-0. Auch in 2 erweit. Ausgaben erhältlich (s. nächste Seite).

VERBRAUCHER-WARNUNG:
KAUFEN SIE KEIN ELEKTRO-AUTO.

Ob als Vollelektroversion oder sogenannter Hybrid – Elektroautos werden über den grünen Klee gelobt. Allerdings nur von den Herstellern, die ihre Produkte verständlicherweise verkaufen wollen, und von Meinungs- und Politikmachern, die häufig über Dinge reden und schreiben, in die sie wenig Einblick besitzen. Wie sieht es wirklich aus mit der Gebrauchsfähigkeit, den Kosten und der Gefährlichkeit von E-Autos? Die Antworten fallen verheerend aus, so daß der Rat an Kaufinteressenten nur lauten kann: Sehen Sie von einem Kauf ab, wenn Sie sich nicht viel Ärger, Enttäuschungen und Kosten einhandeln wollen. 2010 · DIN A5 · Euro 9,95 · ISBN 978-3-8391-6373-3. Auch als englische Ausgabe erhältlich.

AUSWANDERN. DIE WICHTIGSTEN SCHRITTE.

Wer hat nicht schon einmal daran gedacht: In einem anderen Land leben. Entweder regelmäßig für ein paar Monate, oder gleich ganz: Tropisches Meer oder alpine Berge genießen. Freier und freundlicher seine Tage verbringen, vielleicht sogar kostengünstiger. Doch wie geht das überhaupt - Auswandern ? In diesem Ratgeber werden die wichtigsten Schritte jeder Auswanderung beschrieben: Was sind die Grundvoraussetzungen ? Wie wird die Abreise und Ankunft geschickt vorbereitet ? Und was müssen die ersten Schritte im Wunschland sein ? 2010 · DIN A5 · Euro 8,95 · ISBN 978-3-8391-2273-0

ALLEIN GELASSEN ? DIE EXLIEBE WIEDERGEWINNEN . . . UND ZUSAMMENBLEIBEN!

Zusätzlich zur ausführlichen Schritt-für-Schritt Anleitung aus dem bekannten Titel „Allein gelassen ? Die Exliebe wiedergewinnen" enthält dieser Ratgeber genaue Erläuterungen, wie aus Ihrer wiederhergestellten Beziehung eine dauernde Partnerschaft wird: Mehr als 25 konkrete Einzelratschläge zum täglichen Zusammensein unterstützen Sie, ein langes und glückliches Leben zu zweit aufzubauen. *2. Auflage 2009* · 12 x 19 cm · Euro 11,90 · ISBN 978-3-8330-0692-0. Kurzausgabe: **Allein gelassen? Die Exliebe wiedergewinnen...und die 10 wichtigsten Tips zum Zusammenbleiben!** 2008 · Euro 9,90 · ISBN 978-3-8370-6876-4

DEUTSCHER PATENTSCHUTZ FÜR 40 EURO.
WIE IHRE KLEINEN IDEEN & ERFINDUNGEN GROSSES GELD VERDIENEN.

Irgendwann hat jeder eine gute Produktidee. Doch Gelderfolg stellt sich selten ein, weil wertvolles geistiges Eigentum ungeschützt bleibt: „..Zu kompliziert, zu teuer.." lautet meist die Begründung. Dabei ist amtl. deutscher Patentschutz bereits für 40 Euro erhältlich: Bis zu 10 Jahre lang, und ohne Anwaltszwang. Hier wird das offizielle Patentamts-Verfahren samt dem einfachen Antrag leichtverständlich vorgestellt. *2. akt. Auflage 2009* · DIN A5 · Euro 7,95 · ISBN 978-3-8334-2638-4. Auch als englische Ausgabe erhältlich.

DER RICHTIGE LIZENZVERTRAG
FÜR PATENT-INHABER UND ERFINDER.

In „Deutscher Patentschutz für 40 Euro" wird gezeigt, wie gute Ideen kostengünstig beim Deutschen Patentamt geschützt werden. Doch wie erhält man dann einen Lizenzvertrag ? Und was gehört hinein ? Hier wird ein echter Vertrag zwischen Erfinder und Produktionsunternehmen Punkt für Punkt vorgestellt und erläutert. So erhalten Sie wertvolle Unterstützung, um bares Geld zu sparen und zu verdienen: Bei Lizenzgebühren, Anwaltsauslagen und durch Erinnerung an Vertragsrisiken, an die nicht jeder denkt. 2009 · DIN A5 · Euro 9,95 · ISBN 978-3-8370-8867-0

WEGZIEHEN IN DIE USA.
DAS WICHTIGSTE ZU VISA, WOHNUNG, ARBEIT, AUTO, FINANZEN.

Die USA sind Top-Einwanderungsziel unserer Erde. Dieser Ratgeber ist die Basis für den ersten Schritt in das Land der unbegrenzten Möglichkeiten. Konkret wird der Leser über die wichtigsten Fragen informiert: Visaarten, Kauf und Miete von Wohnung und Haus, Stellensuche, Selbstständigkeit, Autokauf und Finanzen werden zu einem günstigen Preis nahegebracht. *2. akt. Auflage 2010* · DIN A5 · Euro 7,95 · ISBN 978-3-8311-4048-0.

EIN GEBRAUCHTES AUTO KAUFEN.
DIE WICHTIGSTEN TIPS & TRICKS FÜR NICHT-TECHNIKER.

Auf dem Privatmarkt gibt es häufig bessere und günstigere Angebote als beim Händler – wenn man sich nur ein wenig auskennt. Aber wie finden sich die guten Angebote unter den zahlreichen fragwürdigen? Hier erfahren die Leser wichtige Tips & Tricks vom Diplom-Ingenieur und können viel Geld sparen: 1. Welche Anzeigen Sie besser nicht anrufen. 2. Wie Sie geschickt mit dem Verkäufer umgehen. 3. Wie Sie versteckte Mängel entdecken. *2. akt. Auflage 2010* · DIN A5 · Euro 7,95 · ISBN 978-3-8334-9079-8

MÄNNER ZUM HEIRATEN VERFÜHREN.

40 DO'S & DON'TS.

Heiraten – für viele Frauen das romantischste Ziel einer guten Partnerschaft auf ihrem Weg zur besten. Doch falls „der Beste von allen" noch nicht so recht überzeugt ist, oder die Beziehung noch etwas Feinschliff benötigt, dann hilft dieser Ratgeber der modernen Frau. In 40 Einzelpunkten erfährt die Leserin leicht verständliches und einfach anzuwendendes psychologisches Wissen, um in seinem Kopf die Hochzeitsgedanken hüpfen zu lassen. 2003 · 12 x 19 cm · Euro 8,90 · ISBN 978-3-8311-4235-4

FLORIDA FÜR EINWANDERER.

Sonne, Palmen und Meer – damit ist für die meisten Menschen Florida, der tropische Bundesstaat der USA, beschrieben. Doch wer dort länger leben möchte als 2 Wochen, wer vielleicht gar Resident sein möchte, dem nutzt das typische Urlaubswissen nur wenig. In diesem Ratgeber wird Florida für Einwanderer beschrieben: Seine Geographie, das Klima, die Wirtschaft und Politik. Danach erfahren Sie alles Nötige über das Wohnen, Arbeiten, die Steuern und vieles mehr aus erster Hand. 2009 · DIN A5 · Euro 9,95 · ISBN 978-3-8370-8866-3

WOHNSITZ FLORIDA - SO KLAPPTS !

Um sich in den USA erfolgreich niederzulassen, sei es zeitweilig oder permanent, ist viel amerikanisches Know-how notwendig. Die Wohnsitz-Ratgeber über Florida und Kalifornien sind umfassende, detaillierte Handbücher zum jeweiligen US-Bundesstaat: Visamöglichkeiten, Hauskauf, Autokauf, Steuern, Stellensuche - kurz, das komplette Gewusst-Wie zum Leben genießen in den USA erfährt der Leser aus erster Hand. Ebenso enthalten sind viele ausgewählte Tips, Anschriften und Internetadressen, wie sie nur die Praxis liefern kann. **Florida:** 2000 · DIN A5 · Euro 15,29 · ISBN 978-3-89811-216-1 **Kalifornien:** 2000 · DIN A5 · Euro 15,29 · ISBN 978-3-8981-1332-8

100 VERBLÜFFENDE AUTOGEHEIMNISSE.

Nur wenige Menschen ahnen, welche verblüffenden Geheimnisse die erfolgreichste Maschine der Erde verbirgt. In diesem Buch wird erstaunliches Auto-Wissen leicht verständlich vorgestellt. Wer sich nicht sicher ist, wieviel PS ein Pferd hat, wie ein Kühler in 5 Minuten selbst repariert wird, ob die „James-Bond-Wende" wirklich funktioniert, daß Autos viel grüner sind als ICE-Züge...und weitere 96 Tatsachen wissen möchte, die üblicherweise Kfz-Ingenieuren vorbehalten bleiben – der erfährt hier weithin unbekannte Eigenschaften unserer Autos. 2002 · DIN A5 · Euro 15,90 · ISBN 978-3-8311-1826-7

FRAUEN ZUM HEIRATEN VERFÜHREN.

Heiraten – das höchste Ziel einer guten Partnerschaft auf ihrem Weg zur besten. Doch wenn „die Beste von allen" noch nicht so recht überzeugt ist, dann hilft dieser Ratgeber dem modernen Mann: Für zahlreiche Alltagssituationen erfährt der Leser leicht verständliches und einfach anzuwendendes, psychologisches Know-How, um in ihrem Kopf die Hochzeitsgedanken hüpfen zu lassen: So schön kann Zweisamkeit werden. 2010 · 12 x 19 cm · Euro 8,90 · ISBN 978-3-8391-1885-6

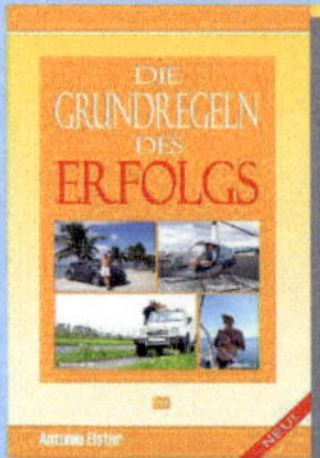

DIE GRUNDREGELN DES ERFOLGS.
SO WERDEN SIE ERFOLGREICH.

Ob in der Partnerschaft, im Beruf oder beim Kontostand – erfolgreich werden Menschen überall in der Welt auf ähnliche Weise, weil alle Menschen einer ähnlichen Psychologie folgen. In diesem Ratgeber erfahren Sie die Grundregeln jedes Erfolges. So können Sie ab sofort die richtigen Entscheidungen in Ihrem Leben treffen. Denn es ist Ihres, und Sie haben nur eines. Nur Sie allein bestimmen Ihre Ziele, und ob Sie diese Ziele erreichen. 2010 · 12 x 19 cm · Euro 9,95 · ISBN 978-3-8391-2049-1

AUSWANDERN. DIE MENSCHLICHE SEITE.

Hier wird die menschliche, die emotionelle Seite einer Auswanderung geschildert: Warum und wieso eigentlich weg aus Deutschland ? Wie steht der Partner dazu ? Und was wird aus der Beziehung in der Ferne ? Die Erlebnisse eines jungen Paares aus Deutschland – erst ins entfernte Neuseeland, dann in die USA – faszinieren und machen gleichzeitig nachdenklich: Erst innig liebend, dann plötzlich allein und verlassen, und schließlich 2 neue »Love Birds« in einem traumhaften Leben: Wer nicht aufgibt, erreicht seine Ziele. 2010 · 12 x 19 cm · Euro 9,95 · ISBN 978-3-8370-9291-2

BEVOR ES ZU SPÄT IST - DIE TRENNUNG VERHINDERN.

Wenn zu spüren ist, daß die Liebe zur Tür hinaus will, dann ist es höchste Zeit zu reagieren. Doch wie könnte die Beziehung noch gerettet werden ? Hier erfahren Sie mehr als 30 wertvolle Tips aus der praktischen Psychologie, damit Ihr Partner seine Trennungsgedanken noch einmal überdenkt. Bevor es zu spät ist, können Sie mithilfe dieses Ratgebers einen fundierten Rettungsversuch für Ihre Beziehung unternehmen. Gleichzeitig legen Sie die Grundsteine für eine lange und glückliche Beziehung – gerade jetzt, wenn es so gar nicht danach ausschaut. 2009 · 12 x 19 cm · Euro 8,95 · ISBN 978-3-8370-8865-6

TIPS&TRICKS ZU GREENCARD UND B-VISA.

Die USA sind Top-Einwanderungsziel unserer Erde. Dieser Ratgeber informiert alle Menschen, die sich zeitweise oder permanent dort niederlassen möchten über die beiden gängigsten Visaformen. Er erklärt die Unterschiede zwischen GreenCard und B1/B2 Visum, und worauf es bei den amerikanischen Behörden bei der Beantragung ankommt. 2000 · DIN A5 · Euro 6,60 · ISBN 978-3-89811-159-1

DICK SEIN ? NEIN DANKE !

Schlank werden und sein – für viele Menschen ein Dauerthema. Dabei ist Abnehmen viel einfacher als viele glauben: Jeder Körper kann auf ein frei gewähltes Wunschgewicht „eingestellt" werden. Leichtverständliche Kenntnisse reichen aus, denn die mächtige MMF-Regel macht es möglich: Schöner, gesünder und sogar kostengünstiger leben, kurz: Endlich glücklich sein. Hier erfahren Sie das Grundgesetz jedes Schlankseins. Ohne Kosten zum Sofortstart geeignet. 2010 · 12 x 19 cm · Euro 8,95 · ISBN 978-3-8391-0921-2

 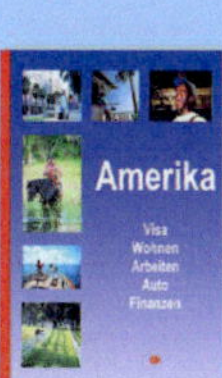    

▶ ALLTAG GRAUT – YACHTBESITZ BRÄUNT.

„Durchschnitts-Landratte wird Schiffsbesitzer" - wer hat davon noch nicht geträumt? Hier ist der Beweis, daß wirklich jeder Mann und jede Frau ein neues Leben beginnen kann. Spannend und unterhaltsam werden die Erlebnisse eines völlig boots-unerfahrenen Menschen aus Deutschland erzählt – auf seinem Weg zum süßen, unbeschwerten Leben auf der eigenen Yacht in Florida: Ab sofort ist jedes Jahr das beste Jahr. 2000 · 12 x 19 cm · Euro 12,74 · ISBN 978-3-8981-1334-2

▶ AMERIKA: VISA · WOHNEN · ARBEITEN · AUTO · FINANZEN.

Aufbauend auf „Wegziehen in die USA" liefert dieser Ratgeber noch detailliertere USA-Informationen, die weit über das übliche Urlaubswissen hinausgehen: Visaformen, Hauskauf und Anmietung, Stellensuche, Firmengründung, Autokauf, Führerscheine, Banken und Steuern. 2001 · DIN A4 · Euro 9,95 · ISBN 978-3-8311-1922-6

▶ TIPPS & TRICKS FÜR AUTOFAHRER.

Praktisches Auto Know-How spart Geld im Alltag, hilft weiter und macht Spaß – besonders, wenn es sogar manchem Automechaniker unbekannt ist: Hier werden verblüffende Tips & Tricks rund um das Auto vorgestellt, die jeder Mann und jede Frau anwenden kann. So wird das Konto bei Reparaturen und beim Gebrauchtwagenkauf geschont, und der Leser weist sich bei Freunden und Bekannten als gewiefter Fachmann aus. 2004 · DIN A5 · Euro 5,95 · ISBN 978-3-8334-0764-2

▶ HEXEN HEUTE ERKENNEN.

Viele Menschen wissen intuitiv: In unserer Welt existieren Kenntnisse und Fähigkeiten, die den Wissenschaften verborgen bleiben, und von denen nur wenige zu träumen wagen: Wirkliche Hexen sind unter uns. Daß die klugen Zauberinnen, zu unrecht oft als „böse" abgestempelt, heutzutage nicht als alte Frauen mit schwarzer Katze auftreten, ist vielen klar. Doch wie sind sie dann auszumachen? Und sollte man das überhaupt versuchen? 2005 · 12 x 19 cm · Euro 8,90 · ISBN 978-3-8334-3192-0

▶ LAND IN FEINDESHAND – DEUTSCHLAND WIRD SOZIALISTISCH.

Viele Anzeichen der deutschen und europäischen Politik geben Anlaß zu Sorge: Um die persönliche Freiheit, um persönliches Eigentum und um die kommende Generation. Zeichen totalitärer Prinzipien und Denkweisen verstärken sich. Zieht schon wieder der häßliche und latent kriminelle Sozialismus auf ? 2003 · 12 x 19 cm · Euro 9,90 · ISBN 978-3-8330-0485-8

▶ TANKEN FÜR 0,99 (DM).

Für alle Dieselfahrer und an Technik interessierte Menschen: Dieselmotoren sind Mehrstoffmaschinen, die mit verschiedenen Kraftstoffen zuverlässig arbeiten. Wie und wo das eigene Diesel-Fahrzeug mit VEGA 9010, dem günstigen, überall erhältlichen und umweltfreundlichen Spar-Kraftstoff betankt wird, das beschreibt dieser Ratgeber. Ohne Umbaukosten! 2001 · 12 x 19 cm · Euro 9,95 · ISBN 978-3-8311-2173-1

Ihre Notizen: